MICHAEL ROSCHER

Die Krebs Persönlichkeit

Charakter, Schicksal und Chancen.
Mit Mondpositionen
und Aszendentenbestimmung

ARKANA
GOLDMANN

Umwelthinweis:
Alle bedruckten Materialien dieses Taschenbuches
sind chlorfrei und umweltschonend.

Originalausgabe Januar 1999

Umschlaggestaltung: Design Team München
Umschlagabbildung: AKG, Berlin
Verlagsnummer 21507
Realisation und Gesamtbetreuung:
Christine Proske, Ariadne Buchkonzeption, München
Redaktion: Ralf Lay
Grafik: D.T.P. Factory, Susanne Bertenbreiter, München
Herstellung: H+G Lidl, München
Satz: Fotosatz Völkl, Puchheim
Druck: Elsnerdruck, Berlin
Made in Germany
ISBN 3-442-21507-2
www.goldmann-verlag.de
2. Auflage

Inhalt

ANHANG

Vorwort

Bücher zu den »Stern«- oder Tierkreiszeichen gibt es scheinbar wie Sand am Meer. Welchen Sinn macht es da, erneut darüber zu schreiben; ist nicht alles schon Dutzende Male geschrieben worden, was es zu diesem Thema mitzuteilen gibt? Ich glaube, nicht. Denn wer sich ein wenig näher mit dem Thema Astrologie beschäftigt hat, kann zwei sehr unterschiedliche Bereiche ausmachen: Astrologie als Unterhaltung und Zeitvertreib, wie wir sie zum Beispiel auf Zuckerstückchenpapier und auf der Horoskopseite nahezu jeder Illustrierten finden, und die ernsthafte Astrologie, deren Studium viele Jahre beansprucht. Auch wenn die Astrologie einmal die Königin der Wissenschaften war, die an jeder renommierten Universität gelehrt wurde, so wird sie doch heute von den meisten mit der Unterhaltungsastrologie verwechselt; und nur die wenigsten wissen, wie umfangreich, komplex und faszinierend die »richtige« Astrologie ist.

Diese Buchreihe versucht einen dritten Weg zu gehen, indem die ernsthafte und die Unterhaltungsastrologie zusammengeführt werden. Das, was sich mit den Methoden anspruchsvoller Astrologie über die Tierkreiszeichen sagen läßt, habe ich in diesen Bändchen darzustellen versucht. Gerade weil auch die Mondzeichen und die Bedeutungen der Geburtstage mit einbezogen wurden, konnten Aussagen gemacht werden, die sicherlich um einiges genauer und zutreffender sind, als dies in einem »normalen« Buch über Tierkreiszeichen möglich wäre. Gleichzeitig sollte jedoch auch der unterhaltende Aspekt nicht zu kurz kommen, schließlich lähmt kaum etwas mehr das Interesse und die Neugier als trockener Lesestoff. Das Ziel war eine Lektüre, die seriöses astrologisches Wissen über uns selbst, über unsere Stärken und Schwächen vermittelt. Das Lesen sollte Spaß machen, und die Aussagen sollten so treffend sein, wie es in diesem Rahmen eben möglich ist. Wer auf den Geschmack kommt und noch mehr über sich und sein Horoskop erfahren möchte, findet zu diesem Thema Tips und Hinweise am Ende des Buches.

Ich möchte mich an dieser Stelle bei meiner Lebensgefährtin, der Astrologin und Buchautorin Brigitte Hamann, bedanken, die einen wesentlichen Anteil am Zustandekommen dieser Reihe hatte. Sie hat die Illustrationen und Zitate ausgesucht sowie die Märchen ausgewählt, bearbeitet und kommentiert, und einige Abschnitte entstammen – in leicht überarbeiteter Form – ihrem Buch *Die zwölf Archetypen.*

Michael Roscher,
im Herbst 1998

Kontaktadresse des Autors:

Michael Roscher
Schule für Transpersonale Astrologie ®
Postfach 31 02 01
D-90202 Nürnberg

Einleitung: Wie die Gestirne unser Schicksal beeinflussen

Die Astrologie ist trotz aller Anfeindungen ein fester Bestandteil unserer Kultur, unseres Fühlens und Denkens geblieben. Das Interesse an diesem seit Jahrtausenden genährten Wissensschatz nimmt sogar immer mehr zu. Es hofft zum Beispiel jeder, »unter einem guten Stern geboren zu sein«, unabhängig davon, ob wir an Astrologie glauben oder nicht. Und so wird das Geburtsdatum eines Menschen nach wie vor mit dem Sternsymbol * dargestellt.

Die sieben Wochentage und ihre Namen werden von den sieben »klassischen« Planeten unseres Sonnensystems abgeleitet: der Sonntag von der Sonne, der Montag vom Mond, der Dienstag vom germanischen Kriegsgott Tiu (Týr), der dem Mars entspricht. Der Mittwoch heißt im Französischen *Mercredi,* also »Merkurtag«. Der Donnerstag (im Englischen *Thursday*) geht auf den germanischen Gott Thor zurück, der wiederum mit Jupiter vergleichbar ist. Der Freitag leitet sich von der Göttin Freyja ab, der germanischen Entsprechung der Venus. Der Samstag, mit dem die Woche vollendet wird, ist dem Saturn zugeordnet.

Wochentage

Das Wort »Desaster« (Unglück) kommt vom italienischen *disastro,* was »Unstern« bedeutet. Jemand, der einen starken Mars hat, wirkt auf andere martialisch, das heißt »kriegerisch, bedrohlich«; im Englischen nennt man die Kampfkünste *martial arts.* Unsere Stimmun-

Die Planetensymbole

Sonne	Mond	Merkur	Venus	Mars
☉	☽	☿	♀	♂
Jupiter	Saturn	Uranus	Neptun	Pluto
♃	♄	⛢	♆	♇

gen werden durch den Mond beeinflußt, was sich sprachlich in dem Wort »Laune« (lateinisch *luna* = »Mond«) widerspiegelt. Und wie der Mond sein Aussehen beständig verändert, so wechseln auch unsere Gefühle.

Es ließen sich noch viele Beispiele aufführen, doch soll dies hier genügen, um zu zeigen, wie sehr uns die Astrologie in Fleisch und Blut übergegangen ist, ohne daß uns dies normalerweise bewußt wird.

Charakteranlagen und Schicksal

Daß sich über die Planetenstände bei der Geburt Charakteranlagen, Schicksal und Chancen ermitteln lassen, ist längst bewiesen, auch wenn die Gegner der Astrologie dies nicht wahrhaben wollen.

Früher meinte man, von den Gestirnen gingen Strahlungen aus, die uns im Augenblick der Geburt lebenslang prägen. Manche Forscher versuchen immer noch, die Stimmigkeit der Astrologie auf diese Weise zu erklären. Der Ansatz ist sicherlich nicht völlig falsch. Allein der Mond verursacht mit seiner Anziehungskraft Ebbe und Flut und hat, wie man inzwischen weiß, auch einen deutlichen Einfluß auf das Wetter. Wenn der Mond die Weltmeere zu bewegen vermag, dann ist es auch einleuchtend, daß er den Menschen beeinflußt, dessen

Der chaldäische Stern

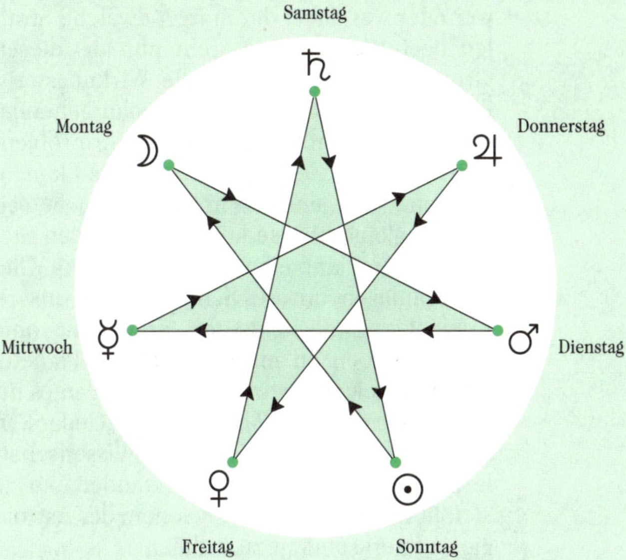

Die Darstellung der sieben klassischen Planeten als Tagesregenten kreisförmig in einem siebeneckigen Stern wird »chaldäischer Stern« genannt. Beginnt man beim Mond entgegen dem Uhrzeigersinn zu zählen, ergibt sich die Reihenfolge: *Mond, Merkur, Venus, Sonne, Mars, Jupiter, Saturn.* Dies gibt die Umlaufgeschwindigkeit der Himmelskörper um die Erde wieder. Der Mond bewegt sich, von der Erde aus gesehen, am schnellsten, der Saturn am langsamsten. Folgt man hingegen den Pfeilen des Sterns, entsteht die Reihenfolge: *Mond, Mars, Merkur, Jupiter, Venus, Saturn, Sonne,* was unseren Wochentagen entspricht.

Körper ja auch zum größten Teil aus Wasser besteht.

Die Astrologie funktioniert jedoch auch sicher bei der Ermittlung günstiger Daten für

Ermittlung günstiger Daten

Firmengründungen, Vertragsunterzeichnungen, Eheschließungen und dergleichen mehr. Hier fragt man sich dann in der Tat verwundert, wer oder was dabei durch irgendwelche Strahlen beeinflußt wird ... Nicht nur aus diesem Grund ist es besser, sich die Wirkungsweise der Astrologie wie die einer genau gehenden Uhr vorzustellen: Wir können an ihr problemlos die richtige Zeit ablesen, ohne daß jemand glauben würde, unsere Uhr beeinflusse die Zeit. Auf die gleiche Weise können wir in den Stellungen der Planeten Analogien unserer Charakteranlagen, unseres Schicksals und unserer Entwicklungsmöglichkeiten erkennen, ohne daran glauben zu müssen, daß die Planeten unser Schicksal *bestimmen* – sie *zeigen* es nur an. Dieser an sich völlig einfache Gedankengang wird selbst von führenden Wissenschaftlern offensichtlich nicht verstanden, so sie sich überhaupt die Mühe machen, der Astrologie Aufmerksamkeit zu widmen.

Keine Ersatzreligion

Ähnlich verhält es sich mit zahlreichen gläubigen Menschen, die fälschlicherweise annehmen, die Astrologie wäre eine »Ersatzreligion«, die uns ein unausweichliches Schicksal predige und an die Stelle des Gottesglaubens den an die Sterne setze. Nichts könnte falscher sein; denn ein vernünftiger Mensch wird die Psychologie nicht verdächtigen, Religion sein zu wollen, und Astrologie ist nichts anderes als das in Jahrtausenden gereifte psychologische Wissen der Menschheit – ein Erkenntnisprozeß, der begann, lange bevor es das Wort »Psychologie« überhaupt gab.

Einer der Grundlehrsätze der Astrologie lautet: »Der Weise beherrscht die Sterne.« Das heißt, die Astrologie strebt nicht an, dem Menschen ein angeblich unausweichliches Schicksal aufzudrängen, sondern sie will und kann echte Lebenshilfe sein, indem sie uns lehrt, uns selbst und unsere Mitmenschen besser zu verstehen.

Echte Lebenshilfe

Wenn wir beginnen, unser eigenes Wesen besser zu begreifen, werden natürlich auch Schwächen und der eine oder andere weniger erfreuliche Wesenszug sichtbar. Dies ist jedoch kein Grund, sich zu ärgern oder gar zu verzagen, sondern vielmehr die große Chance, das Beste aus unseren Möglichkeiten zu machen, die Schwierigkeiten, die wir mit uns und unseren Mitmenschen haben, zu meistern sowie dadurch zu wachsen.

Die Richtigkeit dieser Annahme wird uns indirekt auch bestätigt, wenn wir uns manche Menschen anschauen, die in ihrem Horoskop die umgekehrten Voraussetzungen aufweisen – sie sind besonders begabt, in ihrem Leben bieten sich außergewöhnliche Möglichkeiten, und sie machen dennoch nichts daraus. Das beste Horoskop nützt also wenig, wenn wir nicht unsere Fähigkeiten erkennen und uns um ihre Entwicklung bemühen: Die Welt ist voll von begnadeten musikalischen Talenten, die niemals die Ausdauer aufbrachten, ein Instrument richtig spielen zu lernen. Ein Künstler mit eher mäßiger Begabung und dem Willen, seine Möglichkeiten voll auszuschöpfen, kann dagegen bereits Außergewöhnliches erreichen, und der Erfolg ist schier unaufhaltbar, wenn die konsequente Entwicklung unserer Fähigkeiten mit einer besonderen Begabung zusammentreffen.

Wille zur Entwicklung

Dieses Buch möchte Sie dabei unterstützen, sich selbst und Ihre Mitmenschen besser zu verstehen. Wenn wir Verständnis füreinander in Handeln umsetzen, ist es nahezu unvermeidlich, daß wir erfolgreicher und effektiver werden, vor allem aber, daß wir ein zufriedeneres und erfüllteres Leben führen.

Die Tierkreiszeichen und das Horoskop

In der Umgangssprache hat sich der Begriff »Sternzeichen« eingebürgert, wenn eigentlich von Tierkreiszeichen die Rede ist. Es gibt die Sternbilder am Himmel und die Tierkreiszeichen; irgendwann einmal entstand der etwas unglückliche Begriff von den »Sternzeichen«.

»Sternzeichen«

Die Sternbilder, die sich auf der Sonnenbahn befinden und den gleichen Namen wie die Tierkreiszeichen tragen, haben mit letzteren jedoch überhaupt nichts zu tun. Ihre Position verändert sich jedes Jahr ein wenig, und so kommt es, daß die Sonne am 21. März (oder einem beliebigen anderen Datum) an einer völlig anderen Stelle aufgeht, als dies etwa vor 2000 Jahren der Fall war.

Diese Namensgleichheit hatte unglückliche Folgen, werden Sternbilder und Tierkreiszeichen doch heute noch von vielen miteinander verwechselt oder gar gleichgesetzt. Das führt sogar so weit, daß vor allem Astronomen, die gern gegen die Astrologie wettern, behaupten, die Astrologen würden ihre Horoskope falsch berechnen. Diese ständige Verwechslung zeigt unter anderem, wie wenig sich die Gegner der Astrologie mit dem Thema überhaupt beschäftigt haben.

Die meisten Menschen wissen, ob sie ein Stier, ein Krebs oder ein Fisch sind, jeder kennt sein »Sternzeichen«. Wie diese Zuordnung zustande kommt, wissen dagegen nur wenige; dabei ist es einfach, die Grundlagen der Astrologie

Stand der Sonne

Astrologisches Jahr

zu verstehen: Die Erde beschreibt im Laufe eines Jahres einen (näherungsweisen) Kreis um die Sonne. Von der Erde aus gesehen, ist diese auch »Ekliptik« genannte Umlaufbahn jedoch der Weg, den die Sonne innerhalb des Jahres scheinbar am Himmel zurücklegt; das heißt, die Sonne steht nach zirka 365 Tagen wieder an dem Himmelspunkt, von dem aus sie »ihre« Wanderung begann. Unterteilt man die Ekliptik in zwölf gleich große Abschnitte, ergibt sich die Aufgliederung des Tierkreises (Zodiakus) in zwölf Zeichen. Unser »Sternzeichen« ist nun nichts anderes als das Tierkreiszeichen, in dem die Sonne zum Zeitpunkt unserer Geburt stand. Wer beispielsweise ein Löwe ist, bei dem befand sich die Sonne im Zeichen des Löwen (120 bis 150 Grad im Tierkreis), als er zur Welt kam. Allerdings beginnt das astrologische Jahr nicht am 1. Januar, sondern am 21. März, exakt am Frühlingsanfang. Das astrologische Jahr ist übrigens mit dem astronomischen identisch.

Der Tierkreis beginnt mit dem Zeichen Widder, deshalb ist jeder, der zwischen dem 20./21. März und dem 19. bis 21. April geboren wurde, Widder. Auf den Widder folgt der Stier, daher dürfen sich alle, die zwischen dem 19. bis

Die Symbole der Tierkreiszeichen

Widder	Stier	Zwillinge	Krebs	Löwe	Jungfrau
♈	♉	♊	♋	♌	♍
Waage	**Skorpion**	**Schütze**	**Steinbock**	**Wassermann**	**Fische**
♎	♏	♐	♑	♒	♓

Sternbilder und Tierkreiszeichen

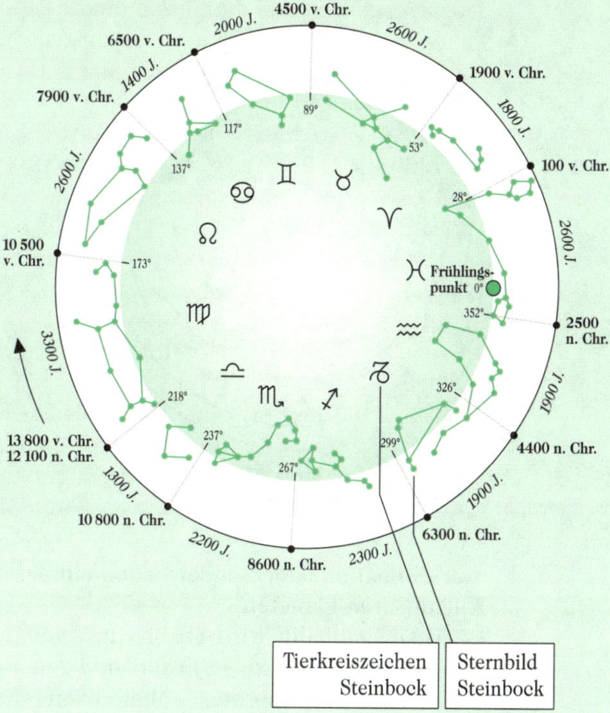

Im Außenkreis sind die *Sternbilder* dargestellt, im Innenkreis die *Tierkreiszeichen*. Außer der Namensgleichheit haben beide nichts miteinander zu tun.

21. April und dem 20. bis 22. Mai geboren wurden, »Stier« nennen – und so fort. Von der Erde aus gesehen, umkreist die Sonne aber nicht

Das geozentrische Weltbild

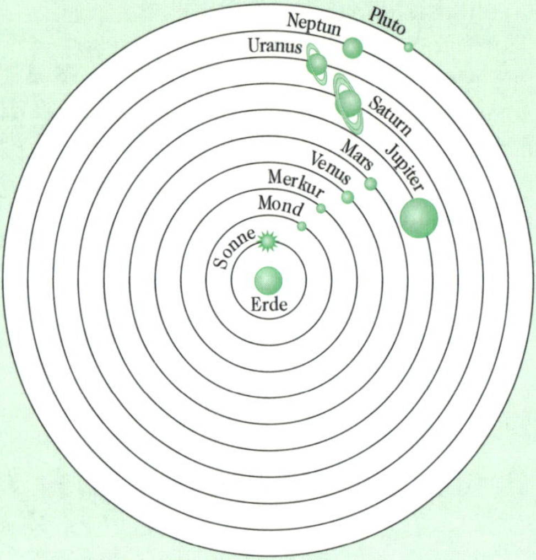

nur einmal im Jahr, sondern auch einmal pro Tag unseren Planeten.

Diese Laufbahn wird ebenso in zwölf verschiedene Abschnitte gegliedert und den Tierkreiszeichen zugeordnet. Man kann diese Vorgänge mit einer Uhr vergleichen. Die eine Umdrehung entspräche dann dem Minuten-, die andere dem Stundenzeiger.

Horoskoperstellung

Will man nun ein Horoskop erstellen, trägt man zunächst das Sonnen-Symbol an der Stelle im Horoskopformular ein, an der das Tierkreiszeichen steht, unter dem man geboren ist, zum Beispiel Waage (siehe Abbildung »Die Sonne in der Waage«).

Für ein Horoskop werden jedoch noch die übrigen Planeten unseres Sonnensystems gebraucht, zu denen in der Astrologie auch der Mond ☽ gehört (siehe die Abbildung »Beispiel für ein Horoskop mit allen Planeten« auf der nächsten Seite).

Mondzeichen

Ebenso wie jeder von uns ein Sonnenzeichen hat, besitzt er auch ein Mondzeichen. Dieses ist für die Deutung der Persönlichkeit mindestens genauso wichtig wie das Zeichen

Die Sonne in der Waage

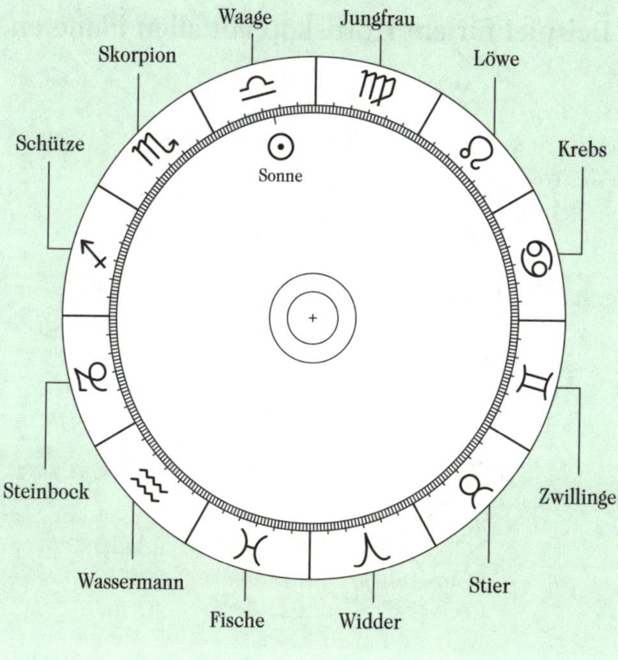

der Sonne. Die Sonnenzeichen sind wahrscheinlich nur deshalb bekannter, weil sie sich ganz leicht über das Geburtsdatum feststellen lassen.

Geburtsjahr

Das ist beim Mond nicht so einfach. Denn hier benötigen wir neben dem Geburtstag noch die Zuordnung zum Geburtsjahr. Da wir für Ihre Charakter- und Schicksalsanalyse jedoch auch das Mondzeichen verwenden wollen, finden Sie im Anhang eine Tabelle, mit der Sie leicht die Zeichenstellung des Mondes zum Zeitpunkt Ihrer Geburt bestimmen können.

Beispiel für ein Horoskop mit allen Planeten

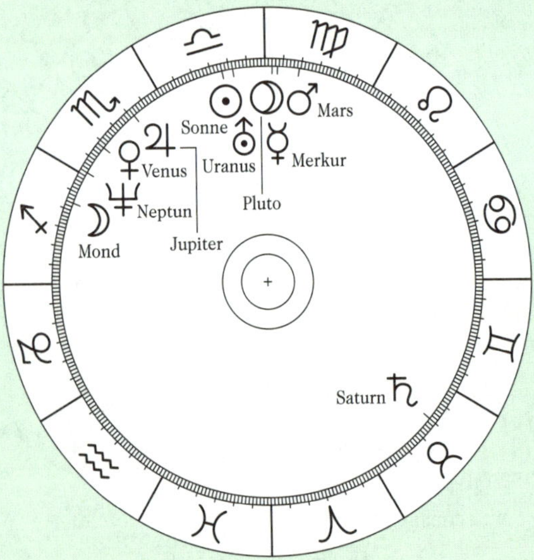

Die Häuser im Horoskop

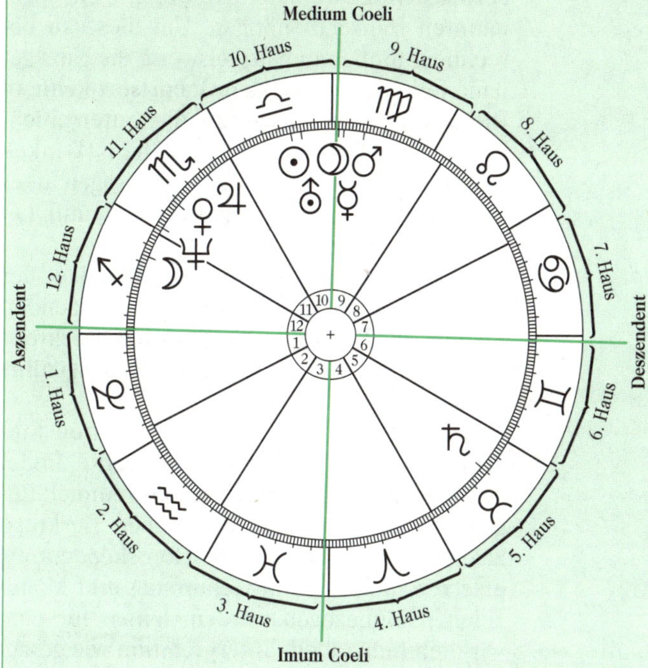

Eine ausschlaggebende Rolle innerhalb des Horoskops spielt der Aszendent. Dieser wird durch das Tierkreiszeichen bestimmt, das im Augenblick der Geburt über den Osthorizont tritt (lateinisch *ascendere* = »aufsteigen«). Dazu müssen Sie wissen, an welchem Ort und zu welcher Zeit Sie geboren sind. Eine Tabelle und eine genaue Anweisung zur Berechnung Ihres Aszendenten finden Sie im Anhang dieses Buches.

Aszendent

Für ein vollständiges Horoskop müßten allerdings noch mehrere andere wichtige Faktoren berücksichtigt werden. Wir würden die sogenannten Häuser benötigen. Um diese zu berechnen, muß man beispielsweise die ganz genaue Geburtszeit und den Geburtsort kennen. Die Verhältnisse, in denen die unterschiedlichen Planeten zueinander stehen (Winkel, Aspekte), lassen erst präzise Aussagen über individuelle Charaktereigenschaften und Lebensumstände zu.

Diese und andere wichtige Themen der Astrologie sollen im Rahmen des vorliegenden Buches, in dem es speziell um ein Tierkreiszeichen geht, jedoch nicht weiter ausgeführt werden.

Wer sich mit all diesen interessanten Einzelheiten genauer beschäftigen möchte, findet dazu im Anhang einige Literaturempfehlungen. Ebenso kann ein Buch über Tierkreiszeichen keine persönliche Horoskopdeutung ersetzen. Selbst wenn Geburtstag und Mondzeichen einbezogen werden, fehlen für eine wirklich individuelle Interpretation wie gesagt noch zu viele Faktoren. Wer es aber ganz genau wissen möchte und ein exakt auf sich berechnetes und gedeutetes Horoskop wünscht, kann bei uns hierzu kostenlos und unverbindlich weiteres Informationsmaterial anfordern. Die Adresse finden Sie ebenfalls am Ende dieses Buches.

Individuelle Interpretation

Doch lassen Sie uns nun erkunden, was einen »typischen Krebs« ausmacht. Beginnen wir damit, uns einmal anzuschauen, welch unterschiedlichen prominenten Menschen dieses Tierkreiszeichen gemeinsam ist.

Die Tierkreiskarte Krebs des Malers Johfra

Ingeborg Bachmann

Oriana Fallaci

Bekannte Krebs-Persönlichkeiten

Peter Alexander, Sänger und Schauspieler
Roald Amundsen, Polarforscher
Louis Armstrong, Musiker
Ingeborg Bachmann, Schriftstellerin
Wilhelm Becker, Astrologe
Ingmar Bergman, Regisseur
Alfred Biolek, Entertainer
Fritz Brunhübner, Astrologe
Yul Brynner, Schauspieler
Pearl S. Buck, Schriftstellerin
Johannes Calvin, Reformator
David Cameron, Maler und Radierer
Claude Chabrol, Regisseur
Marc Chagall, Maler
Bill Cosby, Schauspieler
Dalai-Lama, tibetischer Priesterfürst
Edgar Degas, Maler, Grafiker und Bildhauer
Diana, Prinzessin von Wales
Baldur Ebertin, Astrologe
Gerald Maurice Edelman, Biochemiker
Michael Erlewine, Astrologe
Oriana Fallaci, Journalistin und Schriftstellerin
Hans Fallada, Schriftsteller
Friedrich Flick, Manager
Stefan George, Schriftsteller
Tullio Giordana, Schriftsteller
Karel Gott, Sänger
Stanislav Grof, Psychiater
Arlo Guthrie, Popstar
Gitte Haenning, Popstar

Ernest Hemingway, Schriftsteller
Hermann Hesse, Schriftsteller
Franz Kafka, Schriftsteller
Gottfried Keller, Schriftsteller
Gustav Knuth, Schauspieler
Käthe Kollwitz, Malerin
Georg Kreisler, Schriftsteller, Kabarettist und Komponist
Kris Kristofferson, Schauspieler
Elisabeth Kübler-Ross, Psychiaterin
Ernst Kuby, Schriftsteller
Gottfried Wilhelm Leibniz, Philosoph
Ute Lemper, Sängerin und Schauspielerin

Ute Lemper

Cyprian Leovitius, Astrologe
Georg Christoph Lichtenberg, Physiker und Schriftsteller
Max Liebermann, Maler und Grafiker
Gina Lollobrigida, Schauspielerin
Gustav Mahler, Komponist und Dirigent
Berndt Mertz, Astrologe
Esperia Messa, Schauspieler
Willy Messerschmitt, Flugzeugkonstrukteur
Milva, Sängerin
Pablo Neruda, Lyriker
Peter Neubäcker, Astrologe und Musiktheoretiker
Warren Oates, Schauspieler
Alfred Oppenheim, Maler
Carl Orff, Komponist

Carl Orff

George Orwell, Schriftsteller
Camilla Parker Bowles, Geliebte von Prinz Charles
Fritz Perls, Psychotherapeut
Michel Polnareff, Popstar

Ringo Starr

Georges Pompidou, Politiker
Marcel Proust, Schriftsteller
Erich Maria Remarque, Schriftsteller
John D. Rockefeller, Industrieller und Philanthrop
Linda Ronstadt, Popstar
Jean-Jacques Rousseau, Philosoph
Jerry Rubin, Yippie-Führer
Antoine de Saint-Exupéry, Schriftsteller
George Sand, Schriftstellerin
Ferdinand Sauerbruch, Mediziner
Walter Scheel, Politiker
Ringo Starr, Popstar
Cat Stevens, Popstar
Nikola Tesla, Physiker und Elektrotechniker
Verhoeven Paul, Schauspieler und Regisseur
Herbert Wehner, Politiker
Carl Friedrich von Weizsäcker, Atomphysiker und Philosoph
Ferdinand Graf von Zeppelin, Luftschiffkonstrukteur

Der Krebs – Daten und Symbole

21., 22. Juni bis 22., 23. Juli

♋

Qualität: weiblich, passiv, Yin
Element: Wasser
2. Kardinalzeichen
Herrscher: Mond ☽

Unterschiedliche Anfangstage

Der Krebs ist das vierte Tierkreiszeichen. Sein Beginn variiert von Jahr zu Jahr etwas und kann auf den 21. oder 22. Juni fallen. Jeder, der an einem dieser Tage geboren wurde und nicht weiß, ob er noch Zwilling oder schon Krebs ist, kann dies der Tabelle »Von wann bis wann ist man ein Krebs?« im Anhang entnehmen. Ebenso gibt es Überschneidungen am Ende des Zeitraums. In der Tabelle können Sie auch erkennen, ob Sie noch ein Krebs oder schon ein Löwe sind. Im Zweifelsfalle muß die Uhrzeit der Geburt bekannt sein. Diese ist im Standesamt des Geburtsortes niedergelegt und wird auf schriftliche Anfrage in aller Regel problemlos mitgeteilt.

Symbol

Unschwer läßt das Tierkreiszeichen-Symbol an die Scheren eines Krebses denken. In der Regel wird es auch so interpretiert. In einem tieferen Sinne kann man das Krebs-Symbol auch als Darstellung der Sommersonnenwende deuten: Jeden Tag erreicht die Sonne – von der Erde aus gesehen – um die Mittagszeit einen etwas höheren Punkt, sie kulminiert also immer höher über dem Horizont, bis zum 21. Juni, dem längsten Tag des Jahres und dem Tag der Sommersonnenwende. So wie sie am Frühlingsanfang den Himmelsäquator von Süden nach Norden überschritt und jeden Tag ein wenig weiter nach oben »kletterte«, so verringert sich nun über die Herbst-Tagundnachtgleiche bis zur Wintersonnenwende ihre jeweilige Position. Wie angeblich der Krebs bewegt sie sich also in diesem Zeitraum »rückwärts«. (Die bevorzugte Fortbewegungsrichtung der Krebse ist allerdings seit- und nicht rückwärts.) Die »Krebsscheren« lassen sich deshalb auch als Aufwärts-und-abwärts-»Spirale« der Sonnenbewegung auffassen.

Mondtag

Dem Krebs ist der Mon(d)tag zugeordnet, der Wochenanfang. Er ist im Alltagsbewußtsein meist »negativ besetzt« – man denke nur an den »blauen« Montag, und wohl niemand möchte das Pech haben, ein »Montagsauto« zu kaufen. In den meisten Kulturen ist dem Krebs/Mond keine spezielle Gottheit zugeordnet, sondern ähnlich der Sonne wurde der Mond selbst oft als Gottheit aufgefaßt. Schließlich sind die »beiden Lichter« – wie man Sonne und Mond in der klassischen Astrologie nannte – aus unserer Sicht die mit Abstand größten Himmelskörper, und ihr direkter Einfluß auf das menschliche Leben dürfte eigentlich niemandem verborgen bleiben.

Kein Gestirn verändert seine Erscheinung am Himmel so auffällig und so regelmäßig wie der Mond. Als Vollmond kann er in manchen Regionen den Nachthimmel derart hell erleuchten, daß sein Licht ausreicht, um Zeitung lesen zu können, während er bei Neumond bekanntlich überhaupt nicht zu sehen ist. Deshalb wird der Mond und mit ihm sein Zeichen Krebs mit allem in Beziehung gebracht, was mit einem mehr oder weniger regelmäßigen Wechsel, mit sich ändernden Stimmungen und Zyklen zu tun hat. Unser Wort »Laune« kommt vom lateinischen Wort für »Mond«: *luna* – so wie Stimmungen beständigen Veränderungen unterworfen sind, so bleibt auch das Erscheinungsbild des Mondes niemals gleich.

Regelmäßiger Wechsel

Ebbe und Flut werden durch die Anziehungskraft des Mondes beeinflußt, und die gefährlichen Spring- oder gar Sturmfluten sind nur bei Neumond möglich, weil hier noch die Anziehungskraft der Sonne hinzukommt. Die besonders schwach ausgeprägten Nippfluten ergeben sich hingegen bei Vollmond.

Wasser

Da auch der menschliche Körper zum größten Teil aus Wasser besteht, liegt es auf der Hand, daß der Mond und seine Phasen einen direkten Einfluß auf unseren Organismus und unser seelisches Wohlbefinden ausüben. Schon immer wurden der Mond mit dem Weiblichen, Gefühlsmäßigen, Seelischen und der Mondzyklus mit der weiblichen Periode in Beziehung gebracht, da die Zeit von einem Vollmond zum nächsten etwa 29,5 Tagen entspricht. Viele Menschen vertreten die Auffassung, daß unter idealen natürlichen Bedingungen der Eisprung mit dem Neumond zusammenfällt und die Monatsblutung mit dem Vollmond. Eine Schwangerschaft dauert zehn Mondmonate.

Ein Monat zählt im Durchschnitt 30,4 Tage, was zeitlich ungefähr dem Vollmondzyklus entspricht. Auch der Begriff »Monat« läßt sich *Mond* unschwer auf das Wort »Mond« zurückführen. Wissenschaftlich nachgewiesen ist eine gesteigerte Blutungsneigung bei Vollmond. Nach Operationen, die bei Vollmond ausgeführt wurden, kommt es daher häufiger zu Komplikationen als zu anderen Zeitpunkten. Die Wirkung des Mondes auf unser Schlafverhalten und damit auf unser Unbewußtes ist ebenso weithin bekannt. Schließlich bezeichnet man Schlafwandler im Volksmund auch als »Mondsüchtige«.

Gerade in den Tagen um Vollmond reagieren manche Menschen überemotional und unberechenbar. Wer in dieser Zeit mit dem Auto unterwegs ist, kann das leicht am Verhalten der übrigen Verkehrsteilnehmer feststellen. Statistisch gesehen, finden in dieser Zeit die meisten Autounfälle statt. In psychiatrischen Kliniken wird an Vollmondtagen die Belegschaft verstärkt, da es bei den Patienten häufiger zu unberechenbaren Reaktionen kommt als sonst. Auch Medikamente, Drogen und Alkohol wirken an Vollmondtagen und -nächten häufig anders als sonst. Im Englischen wird ein Wahnsinniger als *lunatic* bezeichnet, was auch leicht auf den lateinischen Begriff *luna* (siehe oben) zurückzuführen ist.

Die Rune, die dem Krebs-Zeichen am besten ᛞ entspricht, ist Dagaz; es korrespondiert aber ᛃ auch noch mit der Rune Jera oder Jar.

Dagaz ist mit dem Wort »Tag« verwandt, Jera mit dem Wort »Jahr«. Beide beziehen sich also auf die durch den Sonnenlauf bestimmte

Zeit, sie symbolisieren den höchsten Stand der Sonne, sowohl auf den Tag als auch auf das Jahr bezogen. Unter anderem repräsentieren sie die ausgeprägte Emotionalität des Krebses, da jeder Höhepunkt ebenso die Mühen des Aufstieges wie den unmittelbar bevorstehenden Niedergang andeutet. Beachten Sie auch die verblüffende Ähnlichkeit vor allem der Jera-Rune mit unserem Symbol des Tierkreiszeichens Krebs.

Emotionalität

»Krebskind« auf der Suche nach Geborgenheit.

Typisch Krebs – Stärken und Schwächen der Krebs-Persönlichkeit

Persönliche Stärken in Stichworten

Aufrichtig, anhänglich, anpassungsfähig, beeindruckbar, behütend, diplomatisch, einfühlsam, empfänglich, empfindsam, familienorientiert und häuslich (»My home is my castle«), gefühlvoll, heimatliebend, fürsorglich, intuitiv, kindlich, kreativ, künstlerisch, musikalisch, mitfühlend, mütterlich, originell, patriotisch, phantasievoll, romantisch, sensibel, sentimental, vorstellungs- und einbildungskräftig, verträumt, vorsichtig, verspielt, weich.

Intuition

Persönliche Schwächen in Stichworten

Ängstlich (»zwei Schritte vor, einen zurück gehend«) und (oft zu) sehr auf Sicherheit bedacht, Geborgenheit und Schutz suchend (ebenso »My home is my castle«), hausbacken, inaktiv, oft lebenslang der Kindheit und Erinnerungen verhaftet, kindisch, launenhaft, muttergebunden, leicht nachtragend, passiv, in eine Scheinwelt zurückgezogen, schmollend, schnell zu entmutigen, schüchtern, schwankend in den Stimmungen (»himmelhoch jauchzend, zu Tode betrübt«), träge, überempfindlich, unlogisch, unrealistisch, verletzlich, zaghaft, zögerlich.

Passivität

Die Krebse sind die Gefühlsseismographen des Tierkreises, soviel ist sicher. Der Widder lebt von der Tat, der Stier von seiner Pragmatik, der Zwilling von seinem geistigen und körperlichen Bewegungsdrang und der Krebs eben von seinen Emotionen. So ist sein Wohlbefinden auch in besonderem Maße davon abhängig, daß sich sein Seelenleben in Harmonie befindet.

> »Der genießt wahre Muße, der Zeit hat, den Zustand seiner Seele zu fördern.«
>
> (HENRY DAVID THOREAU)

Wie wir wissen, sind Gefühle und Stimmungen alles andere als beständig, und so verhält es sich auch mit der Krebs-Persönlichkeit: Ein Krebs ist so, wie es ihm gerade geht. Und es geht ihm ständig anders.

Ihm macht das weit weniger aus als seiner Umgebung, die mit dem Gefühlskarussell des Krebses oft ein wenig überfordert ist. Er verhält sich nämlich häufig so, wie es im Goethe-Zitat »himmelhoch jauchzend, zum Tode betrübt« auf den Punkt gebracht ist: Sobald man sich an seine schlechte Laune gewöhnt hat, taucht er völlig unerwartet und bester Stimmung wieder aus der Versenkung auf, genauso, wie er in fröhlicher Runde von einem Moment zum nächsten in tiefste Melancholie verfallen kann, ohne daß ein äußerer Anlaß erkennbar wäre.

Das heißt mitnichten, daß es keinen Anlaß gäbe, er wird für andere nur nicht so ohne weiteres einsehbar, offensichtlich und nachvollziehbar sein. Ich sagte es ja zu Anfang: Die Krebse sind Gefühlsseismographen, und das läßt sie Stimmungen erspüren und auch auf diese reagieren, obwohl die Mitmenschen bisher überhaupt nichts davon wahrgenommen haben. So mag etwa ein echter Mond-Geborener aus der Antwort auf eine freundlich gestellte Frage einen spöttischen, arroganten oder abweisenden Unterton heraushören, während jeder andere lediglich eine sachliche Information zur Kenntnis nimmt.

Dementsprechend schnell sind sie beleidigt und verletzt und fühlen sich darüber hinaus auch noch unverstanden, da Freunde und Partner ihre Beweggründe nur sehr schwer nachvollziehen können.

Dilemma

Eines muß zur Ehrenrettung der Krebse allerdings gesagt werden: Sie haben mit ihrer gefühlsbetonten Einschätzung so gut wie immer recht. Wenn Sie irgendwo einen arroganten Unterton herausgehört haben, war er auch mit an Sicherheit grenzender Wahrscheinlichkeit vorhanden, sogar dann, wenn selbst dem Sprecher nichts davon bewußt war. Genau das ist ja das Dilemma typischer Krebse: Sie wissen oft besser als ihr Gegenüber, wie es ihm geht und was es tatsächlich fühlt.

Wenn Ihnen ein Krebs sagt, daß Sie krank seien und es Ihnen ganz furchtbar gehe, obwohl Sie sich blendend zu fühlen meinen – überprüfen Sie noch einmal Ihr Empfinden. Die Wahrscheinlichkeit ist ausgesprochen groß, daß Sie in Wahrheit bis zum Hals in der Tinte sitzen und sich bezüglich Ihres Befindens nur etwas vormachen. Das trägt natürlich nicht nur zur Beliebtheit der Krebse bei, besonders wenn Sie es mit einem vorlauten Exemplar zu tun haben, das Sie so lange all Ihrer Verdrängungsmechanismen beraubt, bis es Ihnen tatsächlich schlechtgeht.

My home is my castle

»Mein Zuhause, mein Liebesnest ... mein Schutz vor dem Wirbelsturm.«

(ELIZABETH BISHOP)

Manche Meereskrebse, wie zum Beispiel der Einsiedlerkrebs, leben in Schneckenhäusern. Die menschlichen Krebse tun dies alle, wenn auch natürlich im übertragenen Sinne. Wenn ihnen etwas zuviel wird, ziehen sie sich in sich selbst zurück. So wird ein Krebs, den man angreift, in fast allen Fällen blaß – er verkriecht sich in sich selbst – statt puterrot wie die typischen Widder oder Löwen, die »aus der Haut fahren«.

Die seelischen Belastungen der rauhen Außenwelt bewältigt er am liebsten in seinen eigenen vier Wänden, hier fühlt er sich geborgen und beschützt. Ist noch mehr Rückzug notwendig, so helfen hier Badewanne und Bett weiter. Zwei Orte, an denen sich die meisten Krebse besonders gern aufhalten. Kurz und gut: Krebse sind meist häuslich, manche so ausgeprägt, daß man sie in ihrer Freizeit kaum vor die Tür bekommt.

»Der Glanz von Kindertagen ist über mir, meine Männlichkeit versinkt in der Flut der Erinnerungen, ich weine wie ein Kind um die Vergangenheit.«

(D. H. LAWRENCE)

So laden sie auch lieber Freunde zu sich ein, als daß sie ausgehen. Und wer von ihnen eingeladen wird, der kann sich ihrer Freundschaft und Sympathie ganz sicher sein, schließlich ist ihr Heim ihnen heilig, und sie kämen niemals auf die Idee, freiwillig jemanden hineinzulassen, den sie nicht mögen.

Manche Krebse sind sehr stark muttergebunden und oft lebenslang der Kindheit und Erinnerungen verhaftet. Hier liegt also eindeutig eine Lernaufgabe.

Allerdings besitzen Krebse einen Vorzug, der sie von allen anderen Tierkreiszeichen unterscheidet: Sie können zuhören, und sie verstehen die Sorgen und Probleme ihrer Mitmenschen, so seltsam und ungewöhnlich sie auch sein mögen. Wenn eine mehrfache Milliardärin bei einem Geschäft einige hunderttausend Mark verliert und daraufhin befürchtet, am Bettelstab zu landen – ein Krebs wird ihr zuhören und sie verstehen, während die übrigen Tierkreiszeichen eher Entscheidungsprobleme haben werden, ob sie in Gelächter ausbrechen oder die Dame für verrückt erklären sollen.

Aufgabe

Krebse wissen einfach von klein auf, daß man gegen Gefühle fast nichts tun kann, außer sie zu nehmen, wie sie sind. Wer das nicht glaubt, kann ja einmal versuchen zu beschließen, einen Menschen, den er bisher nicht ausstehen konnte, aufrichtig nett und sympathisch zu finden.

»Große Gefühle laufen gern der Vernunft davon.«

(JURIJ BREZAN)

Nicht anders ist es mit unserer ein wenig neurotischen Milliardärin, sie hat nun einmal Existenzängste, so unbegründet diese unserem scheinbar gesunden Menschenverstand auch vorkommen mögen. Und ein Krebs bringt Verständnis dafür auf, daß jemand Angst hat oder sich Sorgen macht. Ob die Gründe für diese Gefühle vernünftig, übertrieben oder gar eingebildet sind, interessiert ihn erst an zweiter Stelle. Aber da kommen ja die anderen Tierkreiszeichen in der Theorie zwar schon, in der Praxis aber kaum noch mit: nämlich daß für etwas Verständnis haben und es gutheißen zwei völlig verschiedene Dinge sind. Gerade weil Krebse diesen Unterschied sehr genau kennen, können sie es sich leisten, für alles und jedes Verständnis und für jede lebende Kreatur Mitgefühl aufzubringen.

Diese besondere Fähigkeit bleibt den Mitmenschen nicht verborgen; und so sicher wie das Amen in der Kirche kommen zu einem echten Krebs alle, die mühselig und beladen sind, die jemanden brauchen, der sich ihre

Verständnis

Sorgen anhört, Verständnis für ihre Probleme hat, sie tröstet und womöglich noch einen guten Rat weiß und ihnen Geld leiht. Kein echter Krebs kann jemanden zurückweisen, der sich in ernsthaften Schwierigkeiten befindet und ihn aufrichtig um Hilfe bittet, noch nicht einmal dann, wenn es sich um seinen Lieblingsfeind handeln sollte. In dieser Hinsicht sind Krebse ihren Mitmenschen fast wehrlos ausgeliefert. Da nützen auch keine gutgemeinten Ermahnungen von Freunden und Partnern, man solle sich nicht ausnutzen lassen.

Da niemand die Zeit, das Geld und die Nerven hat, um allen, die in Schwierigkeiten stecken, aus der Patsche zu helfen und sie zu betreuen, gibt es für den Krebs einige wenige Überlebensstrategien, die tatsächlich funktionieren und die er sich wohl oder übel aneignen muß: Die einfachste und wirkungsvollste Lösung heißt, aus der Not eine Tugend zu machen, sprich: aus der (zwangsläufigen) Frei-

Beruf

zeitbeschäftigung einen Beruf. In der Tat sind überdurchschnittlich viele Menschen, die in beratenden und helfenden Berufen tätig sind,

Krebse. Das nächste mögliche Ausweichmanöver ist die bekannte rauhe Schale des Krebses: Durch ein betont unnahbares und abweisendes Verhalten versucht er mehr oder weniger ein Mäuerchen um sich und seine Seele herum zu bauen, das ihn dem beliebigen Zugriff seiner leidenden Mitmenschen entzieht. Diese Masche funktioniert natürlich nur so lange, wie sich seine Umgebung durch solches Verhalten verschrecken läßt. Nur allzu schnell spricht sich leider herum, daß dieser Krebs in Wahrheit gar nicht so ist, und die ganze schöne Maskerade ist für die Katz. Die Situation wird noch dadurch erschwert, daß es immer Menschen gibt und geben wird, die alle mehr oder weniger dezenten Signale der Zurückweisung völlig entspannt ignorieren und das weiche Herz des Krebses trotz aller Drohgebärden hemmungslos ausnutzen. Dies macht die Lage nicht einfacher, werden auf diese Weise doch die schwierigsten und distanzlosesten Fälle »ausgewählt«, und unser armer Krebs mit seiner ach so rauhen Schale gerät vom Regen in die Traufe. Schlimmstenfalls lernt er auf diese Weise noch seinen Ehepartner kennen. Wer in einer solchen Beziehung die Hosen anhat, braucht wohl nicht näher erklärt zu werden.

Maskerade

Kaum ein Problem ist so groß, daß es nicht auch seine guten Seiten hätte. Beim Krebs heißt dies: Er lernt das, was ihm am schwersten fällt und die meisten Probleme im Leben bereitet – nämlich nein zu sagen, und zwar auf eine Weise, daß es, wenn nötig, auch der größte Ignorant versteht. Diese Krebse besitzen spätestens in der Mitte ihres Lebens die Fähig-

Abgrenzung

keit, mit einer für andere manchmal schon fast peinlichen Unverblümtheit ihre Meinung offen und deutlich zu äußern, auch wenn sie wissen, daß diese von der Gegenseite nicht gerade gern gehört wird.

Kreativität

Die dritte Möglichkeit besteht in der Flucht in die angebliche Überforderung – nach dem Motto »Mir ist selbst alles zuviel«, »Ich bin krank« und so weiter. Besonders kreative Krebse – und alle Krebse sind mehr oder weniger kreativ – haben die Fähigkeit entwickelt, den Spieß umzukehren: Wer zu ihnen kommt, um sich auszuweinen, muß sich unversehens die ganze Lebens- und Leidensgeschichte des Krebses anhören und kommt selbst kaum noch zu Wort. Das ist sicherlich eine der kreativsten und diplomatischsten Formen, um der seelischen Überforderung durch andere Herr zu werden. Die Fälle, in denen der Krebs als seelischer Mülleimer mißbraucht wird, reduzieren sich auf diese Weise nahezu automatisch auf ein erträgliches Maß.

Zwei Seelen wohnen, ach, in meiner Brust

Zu Recht wird der Krebs immer mit seinem Herrscher, dem Mond, in Verbindung gebracht. Dabei scheint bis jetzt nur wenigen der Umstand seltsam vorgekommen zu sein, daß ausgerechnet das Tierkreiszeichen, in dem die Sonne ihre größte Kraft entfaltet und die Tage am längsten sind, vom Mond beherrscht wird, der ja das Symbol für die Nacht schlechthin ist. Doch, ähnlich dem Zwilling, besitzt der

Krebs in der Tat zwei sehr unterschiedliche Seiten.

Einerseits sind Krebse unerschütterliche Optimisten, die sich durch nichts und niemanden von ihrem Glauben an das Gute im Menschen abbringen lassen, die ihre Umgebung faszinieren und mitreißen können und nicht die geringsten Schwierigkeiten haben, im Mittelpunkt des allgemeinen Interesses zu stehen. Oft sind sie in Dingen, die ihnen persönlich viel bedeuten, unglaublich ehrgeizig und setzen 150 Prozent ihrer Energie ein, um ihre fast unerreichbar hoch gesteckten Ziele auch zu verwirklichen. Und wesentlich öfter, als man meinen sollte, gelingt ihnen tatsächlich scheinbar Unmögliches. Man denke dabei nur an eine Persönlichkeit wie den Südpolentdecker Amundsen, dessen Erfolg allein durch unglaublichen Ehrgeiz und Selbstdisziplin möglich war. Ein völlig anderes, aber genauso zutreffendes Beispiel ist der Schauspieler Bill Cosby, der einer der erfolgreichsten Seriendarsteller aller Zeiten ist und auf dem Höhepunkt seines Ruhms laut einer Umfrage von der Mehrheit der Amerikaner zum ersten farbigen Präsidenten der USA gewählt worden wäre, wenn er denn kandidiert hätte.

Optimismus

Außergewöhnlicher Ehrgeiz für persönliche Ziele, Unterhaltungstalent und Charisma sind ausgeprägte Krebs-Eigenschaften, die von den meisten Astrologen zu Unrecht ein wenig übersehen werden. Die Launen des Krebses sind im Umgang mit anderen seine größte Schwäche und gleichzeitig aber auch seine größte Stärke. Ein gutgelaunter Krebs kann eine langweilige Party in ein rauschendes Fest

Ehrgeiz

verwandeln, das alle Beteiligten in bester Erinnerung behalten. Genauso leicht fällt es ihm allerdings, sich als Stimmungskiller zu betätigen und allen nachhaltig die Laune zu verderben, wenn ihm gerade einmal eine Laus über die Leber gelaufen ist.

Rückzug

Auf der anderen Seite jedoch besitzen Krebse das intensive Bedürfnis, sich zurückzuziehen, allzu großen Menschenansammlungen aus dem Weg zu gehen und ihren kleinen privaten Träumereien nachzuhängen. Außerdem kommen ihnen ihre Stimmungsabhängigkeit oft in die Quere sowie der Hang, sich durch Mißerfolge und Ablehnung durch andere schnell entmutigen zu lassen. Hier können sie im Extremfall regelrecht mit Depressionen reagieren. Dieser Umstand wiegt um so schwerer, als Krebse wie gesagt die fatale Angewohnheit haben, sich in ihr Schneckenhaus zu verkriechen, wenn es ihnen schlechtgeht, und erst wieder aufzutauchen, wenn sich die dunklen Wolken am Firmanent verzogen haben. Wie lange so etwas dauert, weiß im voraus niemand, am wenigsten der Krebs selbst. Für den Partner und die Familie sind solche Situationen besonders schwierig, weil diesen natürlich nicht entgeht, wie sehr der Krebs leidet und sie trotzdem keine Hinweise bekommen, was sie für ihn tun können. Er, der immer Gewehr bei Fuß steht, wenn es darum geht, anderen aus der Patsche zu helfen, frißt einfach seinen

Kummer

Kummer in sich hinein. Dabei geht es nicht darum, daß er nicht bereit wäre, Hilfe anzunehmen, er ist nur in der Regel davon überzeugt, daß ihn sowieso niemand versteht und ihm deshalb auch nicht zu helfen ist. Außerdem will er seine Angehörigen nicht mit seinen Problemen belasten. Dabei übersieht er oft, daß es diese viel mehr bedrückt, den Krebs tapfer leiden zu sehen, als wenn er bereit wäre, sich zu öffnen und Rat und Hilfe anzunehmen. Zum Glück bessert sich bei den meisten diese Mentalität im Laufe der Zeit.

Mutter

Es gibt nur wenige Krebse, für die die Beziehung zu ihrer Mutter nicht von lebensprägender Bedeutung wäre. Unter den männlichen Mond-Geborenen gibt es vermutlich gar keine Ausnahme von der Regel. Die Beziehung ist entweder sehr innig oder eben das genaue Gegenteil davon. »Normal« und durchschnittlich wird sie nur in den allerseltensten Fällen sein. Für den psychologisch ein wenig geschulten Beobachter läßt sich hieraus eine Vielzahl interessanter Schlüsse ziehen.

Bei keinem anderen Tierkreiszeichen besteht eine so enge Beziehung zu Bauch und Magen wie bei einem Krebs. Vermutlich hat die Formulierung »Mir ist etwas auf den Magen geschlagen« ebenfalls ein Mond-Geborener geprägt. Streß und persönliche Probleme verursachen bei manchen Kopfschmerzen, Nackenverspannungen oder Rückenschmerzen. Beim Krebs sind es Verdauungsbeschwerden und Magenkrämpfe, die anzeigen, daß mit dem seelischen Gleichgewicht etwas nicht stimmt.

Wasser

Jeder gesunde Krebs liebt das Wasser. Für sein Wohlbefinden ist es hilfreich, wenn er seine Freizeit und seinen Urlaub so oft wie möglich an einem Fluß, an einem See oder am Meer verbringt. Die enge Beziehung dieses Tierkreiszeichens zu Flüssigkeiten zeigt sich auch darin, daß die meisten Mond-Geborenen gern baden, während ihre Sympathien für das Duschen eher geringer sind. Durch unglückliche Umstände kann es allerdings insbesondere bei männlichen Krebsen zu einer Entwicklung kommen, die das »innere Bad« sprich: den Alkoholgenuß – dem äußeren vorzieht.

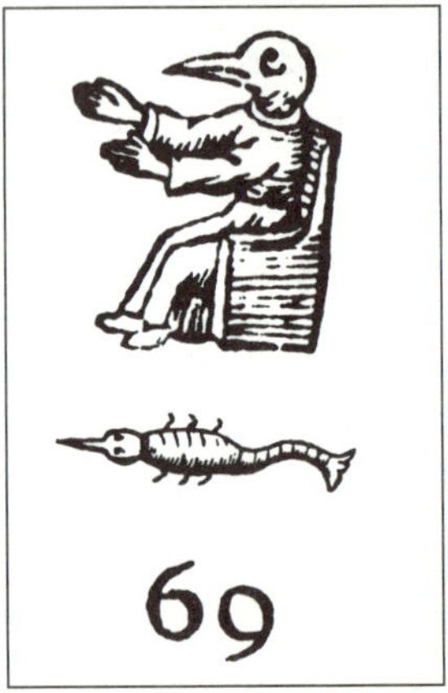

Nervosität und innere Anspannung lösen sich bei den meisten Vertretern dieses Zeichens zuverlässig, wenn sie nur das Trommeln von Regentropfen an die Fensterscheibe, das Rauschen eines Baches oder die Meeresbrandung hören. Ist keine dieser Geräuschquellen real verfügbar, kann auch das Abspielen von entsprechenden Aufnahmen eine hervorragende Einschlafhilfe sein – wirksamer und auf jeden Fall gesünder als Schlaftabletten.

Das Krebs-Kind

Für Krebse ist die Kindheit und frühe Jugend entweder die schönste oder die schlimmste Zeit in ihrem Leben, dazwischen gibt es nicht viel. Wenn man ihnen genügend Freiraum läßt, sind sie wie der Sonnenschein, und sie stecken jeden mit ihrem strahlenden Lächeln an. Schlägt man ihnen einen Wunsch ab oder verletzt ihre Gefühle, so fließen Tränen schneller als bei jedem anderen Zeichen.

Bei allen Kindern wechseln Interessen und Aufmerksamkeit, vor allen Dingen aber die Stimmungen schnell. Bei Ihrem kleinen Mond-Kind kann es sogar passieren, daß es gleichzeitig lacht und weint. Andere Säuglinge mögen sich von Muttermilch ernähren, das Krebs-Kind lebt in erster Linie von Gefühlen. Es braucht sehr viel Aufmerksamkeit und Nestwärme, doch die Mühe lohnt sich, denn jedes bißchen Liebe, das man ihm entgegenbringt, gibt es doppelt und dreifach zurück. Nimmt man sein empfindsames Seelenleben ernst, ist es das freundlichste, offenste und fröhlichste Kind, das man sich nur vorstellen kann. Geht man es allerdings zu streng an, wird es verstockt, mißmutig und extrem einzelgängerisch.

Gefühle

Es ist ein wenig schwierig, einem Krebs-Kind klarzumachen, daß es nicht der Nabel der Welt ist, ohne es nachhaltig zu verstören. Dennoch muß diese Aufgabe natürlich irgendwann einmal bewältigt werden, falls Sie in Ihrem Leben noch andere Dinge vorhaben sollten, als die Bedürfnisse Ihres Kindes zufriedenzustellen. Und davon hat es mehr als genug. Wenn es nicht gerade hungrig ist, wird es spielen wollen, und Krebs-Kinder spielen oft am liebsten mit Erwachsenen. Ein Grund mag sein, daß sie mit ihrer seelischen Entwicklung ihren Altersgenossen oft weit voraus sind und ältere Kinder nur selten gern mit sehr viel jüngeren spielen. Bleiben also die Erwachsenen. Ein weiterer Grund ist sicherlich, daß auch der junge Krebs besonderen Wert darauf legt, daß man ihm ungeteilte Aufmerksamkeit entgegenbringt, und zwar so lange, wie er das für angemessen hält. Solange das Krebs-Kind im Mittelpunkt steht, kann es eine erstaunliche

»Aus dem Wasser kommt alles Leben.«

(KORAN)

Ausdauer besitzen. In jedem Fall mehr Ausdauer, als ein Normalsterblicher Geduld hat.

Phantasie

Doch auch wenn es endlich einmal ans Schlafen gehen sollte, ist noch lange nicht Ruhe: Mond-Kinder haben mehr Phantasie als irgendein anderes Kind und haben dementsprechend im Dunkeln auch mehr Angst. Schließlich kann sich der kleine Krebs alle möglichen Monster so lebhaft vorstellen, daß eine Unterscheidung zwischen Phantasie und Wirklichkeit kaum noch möglich ist. Viele Krebs-Kinder machen daher auch verschiedene Phasen durch, in denen sie von heftigen und überwältigend plastischen Alpträumen heimgesucht werden. In solchen Fällen ist es mit Sicherheit eine Form von seelischer Grausamkeit, wenn man sie mit ihren Ängsten allein läßt; hier ist Trost und Zuspruch das einzige Mittel der Wahl. Krebs-Kinder, die mit ihren Ängsten allein gelassen wurden oder die man gar noch dafür bestrafte, können unter Umständen als Erwachsene grausam und sadistisch werden: Ihre Seele wurde so verletzt, daß sie Freude daran finden, andere den gleichen Schmerzen und Ängsten auszusetzen, an denen sie selbst als Kind zerbrochen sind. Glücklicherweise sind solche Fälle heutzutage selten.

Wenn Sie die Möglichkeit haben, geben Sie Ihrem Kind so früh wie möglich ein Beet im Garten und lassen es mit der Zucht von Zwiebeln, Mohrrüben oder Tomaten experimentieren. Es wird Ihrem und seinem Nervensystem guttun.

»Mein Zimmer hat vier Ecken / In denen Geister stecken / Doch es hat auch eine Tür / Und die führt zu dir …«

(ANGELA SOMMER-BODENBURG)

Fast ausnahmslos alle Krebs-Kinder sind musikalisch. Lassen

Sie das Kind so früh wie möglich ein Instrument erlernen, an dem es auch Spaß hat. Erzwungener jahrelanger Blockflötenunterricht kann auch das größte musikalische Talent zerstören. *Musikalität* Sie müssen ja nicht gleich in das andere Extrem verfallen und in Ihrer kleinen Dreizimmerwohnung ein Schlagzeug aufstellen. Auch das wäre sicherlich gut für die Nerven Ihres Kindes, aber vermutlich schlecht für die Ihren.

Es hat wenig Sinn, vor einem Krebs-Kind etwas verstecken oder verbergen zu wollen. Ich weiß von einem Elternpaar, das eine defekte elektrische Kaffeemühle (ohne Gehäuse) heimlich in die Mülltonne warf, damit sein technisch interessierter Nachwuchs nicht auf falsche Gedanken kommen konnte. Doch kaum war das Krebs-Kind unbeobachtet, hatte es die Kaffeemaschine auch schon »gerettet«. Wie es später berichtete, war es felsenfest davon überzeugt, daß die Kaffeemühle noch ging. Womit es völlig recht hatte: Sobald es mit dem Gerät im Haus war, schloß es dieses an die Steckdose an und drückte den Schalter. Sofort ratterte die Kaffeemühle los und versetzte dem Sprößling wegen des fehlenden Gehäuses einen Stromschlag, der glücklicherweise ohne Folgen blieb.

Krebs-Kinder sind gerade in den ersten Schuljahren, was ihre Noten angeht, oft wesentlich schlechter, als es ihren Fähigkeiten entspricht. *Schule* Der Hauptgrund hierfür ist ihre Verspieltheit und ihre Lebendigkeit, die nicht so recht zu unserem etwas altbackenen Schulsystem passen. Krebse lernen am besten im Liegen oder während sie sich bewegen, beides ist im normalen Schulbetrieb nur selten möglich. Diese scheinbare Schwäche gleichen sie jedoch bald durch das phänomenale Gedächtnis aus, das die allermeisten Krebse besonders in ihrer Jugend besitzen. Wenn sie sich etwas merken wollen, dann merken sie es sich auch, selbst wenn sie es nur einmal im Leben gehört haben und das Ereignis schon Jahre zurückliegt. Passen Sie deshalb genau auf, was Sie zu Ihrem Kind sagen: Der Krebs wird es sich merken und, wenn es sein muß, Sie im ungünstigsten Moment daran erinnern.

Gedächtnis

Die Krebs-Frau

Krebs-Frauen verstehen es wie kaum jemand sonst, mit größter Selbstverständlichkeit die haarsträubendsten Widersprüche in sich zu vereinen. Sie können gleichzeitig extrem geltungssüchtig, bescheiden und auch noch sehr schüchtern sein. Sie mögen eine ausgesprochen ehrgeizige Karriere anstreben und dabei mit größter Begeisterung Hausfrau spielen. Sie wollen von einem (das heißt natürlich »ihrem«) Mann uneingeschränkt begehrt werden und haben dabei gleichzeitig Angst vor allzuviel Nähe und Verbindlichkeit. Sie sind ausgesprochene Gefühlsmenschen, die oft auch nahe am Wasser gebaut haben und gleichzeitig in der Lage sind, Probleme mit einer intellektuellen Schärfe zu analysieren, daß einem ein Schauer über den Rücken läuft. Und wenn es einen Frauentyp gibt, der gleichzeitig anlehnungsbedürftig und charakterstark wirken kann, dann ist es mit Sicherheit die Krebs-Frau.

Widersprüche

Damit entspricht sie natürlich weitgehend dem Frauenbild, das die Männer lieben und an dem sie in der Praxis oft verzweifeln: Sobald man glaubt, sie wenigstens ansatzweise verstanden zu haben, wird sie mit absoluter Gewißheit unmittelbar darauf etwas tun oder sagen, das diese Illusion auf der Stelle zunichte macht. Partner haben auf Dauer deshalb nur dann eine Chance, wenn sie das Kunststück fertigbringen, ihre Herzdame uneingeschränkt ernstzunehmen, ohne sich ihre Launen allzusehr zu Herzen gehen zu lassen. Keine leichte Aufgabe für einen Partner, aber die echte Krebs-Frau hat auch nicht im mindesten die Absicht, es ihm leichtzumachen. Wenigstens nicht in den ersten Jahren. Ein Mann, der sich nicht hundertprozentig für sie und die gemeinsame Beziehung engagiert, kommt für sie sowieso nicht in Frage. Und nur wer sich Mühe gibt, beweist eindeutig, daß er es ernst meint. Auf der anderen Seite kann sie natürlich auch niemanden respektieren, der ihr wie ein Hündchen hinterherrennt und sich all ihre Kapriolen unwidersprochen gefallen läßt. Wie ein listiges Kind erprobt sie, was sie sich herausnehmen kann und was nicht.

Partnerschaft

Sie braucht unbedingt ihre Freiräume, aber sie wird nicht lange bei einem Mann bleiben, der ihr keine eindeutigen Grenzen setzt. Erst dann wird sie sich wirklich geliebt fühlen können, und erst dann hat eine Partnerschaft auf Dauer eine Chance. Herauszufinden, wo die persönliche Freiheit zugunsten der Partnerschaft enden soll oder muß, das ist für den Partner allerdings eine der schwierigsten Herausforderungen überhaupt. Der richtige

»Es gibt keine Täuschungen des Herzens. Was das Gefühl uns sagt, ist alles wahr, wenn auch mitunter nur für einen Augenblick.«

(ISOLDE KURZ)

Mann muß sich irgendwo auf der Skala zwischen Softie und Macho befinden, ohne einem der beiden Extreme zu entsprechen. Die Krebs-Frau hat damit wenig Probleme – wenn der Möchtegernpartner diese Aufgabe nicht lösen kann, dann ist er eben nicht der richtige. Dabei geht es ihr auch eigentlich nicht darum, daß er die Aufgabe löst – der wahre Partner weiß und spürt einfach, was für seine Angebetete gut ist, ohne daß es eines Wortes der Verständigung bedürfte. In dieser Hinsicht sind sie hoffnungslose Romantikerinnen, und manchmal sind einige ernüchternde Erfahrungen nötig, um einzusehen, daß die hellseherischen Fähigkeiten auch der tollsten Männer nur begrenzt sind.

Romantik

Zumindest die modernen Krebs-Frauen lassen sich in der Regel reichlich Zeit, bevor sie sich endgültig binden. Selbst wenn sie den Mann ihrer Träume schon im Teenager-Alter getroffen haben sollten, wird es einige Jahre dauern, bis sie ihr Herz endgültig verschenken, und das mit gutem Grund: Eine gescheiterte Beziehung, die eine andere Frau in wenigen Wochen überwunden und nach ein paar Monaten völlig vergessen hat, kann eine Krebs-Frau auf Jahre hinaus kränken und verletzen, und es wird noch länger dauern, bis sie wieder bereit ist, einem Partner uneingeschränkt zu vertrauen – wenn überhaupt. Dies ist im übrigen auch eine Erklärung dafür, warum sich junge Krebs-Damen häufig Partner suchen, denen sie intellektuell und emotional überlegen sind. Hier glauben sie am wenigsten das Risiko einzugehen, daß sie in eine Situation geraten, die sie emotional nicht mehr kontrollieren können und die sie damit an ihren Partner »ausliefert«.

Wer all die Hürden auf dem Weg zum Herzen seiner Krebs-Dame erfolgreich genommen hat, wird für seine Mühe allerdings reichlich belohnt. Er hat eine Partnerin, die bereit ist, mit ihm durch dick und dünn zu gehen, und uneingeschränkt zu ihm hält, wenn er ehrlich ist und zu ihrer Beziehung steht. Solange es nicht von ihm eingefordert wird, wird sie ihm mit Begeisterung regelmäßig sein Lieblingsessen kochen, wenn es sein muß, ihm die Pantoffeln zum Fernsehsessel tragen und für seine Sorgen immer ein offenes Ohr haben.

Leidenschaft

Sie kann eine aufregende und leidenschaftliche Geliebte sein, auch wenn ihr seelische Nähe und emotionale Geborgenheit immer noch ein wenig wichtiger sind. Ein Mann, der den zahlreichen Facetten der Krebs-Dame gewachsen ist, wird sich in seiner Partnerschaft nie über Langeweile beklagen können.

Der Krebs-Mann

Niemand versteht die Frauen so gut wie ein Krebs-Mann. Vielleicht können andere markiger auftreten, besser Komplimente machen oder sich geschickter in Schale werfen, doch wenn es dann darum geht, zuzuhören und Einfühlungsvermögen zu zeigen, nimmt es keiner mit ihm auf. So ist es auch nicht weiter verwunderlich, daß außergewöhnlich viele Krebs-Männer ihre späteren Partnerinnen kennen- und schätzenlernten, als sich diese über ihre Beziehungsprobleme bei ihnen ausweinten.

»Die Welt wird sich weniger durch Entscheidungen des Mannes ändern als durch die Ahnungen der Frau.«

(CLAUDE BRAGDON)

Es ist erwiesen, daß ein Hauptgrund, warum Frauen ihre Männer verlassen, darin liegt, daß ihnen diese einfach nicht zuhören. Eine Frau, die sich in ihren Sorgen und Nöten von einem relativ fremden Menschen verstanden glaubt, wird sich auch schnell zu ihm hingezogen fühlen, um so mehr, wenn sie mit ihrem Partner daheim einfach nicht reden kann.

So sind Krebs-Männer überdurchschnittlich häufig der Anlaß für die Trennung von Partnerschaften, ohne daß sie dies in irgendeiner Weise anstrebten. Im Gegenteil: Krebse lieben keine unnötigen Schwierigkeiten, und sie möchten nicht für den Kummer anderer verantwortlich sein. Wenn sie sich jedoch in eine Frau verlieben, die ihre Gefühle erwidert, aber in einer anderen Bindung unglücklich ist, so halten sie es nicht nur für ihr legitimes Recht, sondern sogar für ihre moralische Pflicht, sie aus der überlebten Partnerschaft zu befreien und ganz für sich zu gewinnen. Wer meint, daß Ritterlichkeit und Gentleman-Verhalten überholte Begriffe sind, hat sich die Krebs-Männer noch nicht näher angeschaut.

Sensibilität

Krebs-Männer sind weich, sensibel und gutmütig. Da sie außerdem noch über einen außergewöhnlichen Spieltrieb verfügen und sich bei entsprechend guter Laune wie ein kleines Kind aufführen können, werden sie oft unterschätzt. Um so größer ist die Überraschung, wenn sie, einmal in die Ecke gedrängt, den Gegner mit ihrem messerscharfen Verstand und ihren rhetorischen Fähigkeiten regelrecht auseinandernehmen. Es gibt kaum etwas Schlimmeres, als einen Krebs zum Feind zu haben. Um des lieben Friedens willen stecken sie vieles weg, und sie bleiben auch dann noch freundlich und gelassen, wenn andere bereits mit Polizei und Rechtsanwalt drohen. Wenn jemand allerdings den Bogen endgültig überspannt hat, setzen sie sich mit allen Mitteln zur Wehr, die ihnen zur Verfügung stehen. Sie greifen nur selten direkt an, schon gar nicht, wenn ihr Gegner ihnen kräftemäßig überlegen ist. Doch ihre Intelligenz, ihre kreative Phantasie, ihr gutes Gedächtnis und ihre Fähigkeit, auf den geeigneten Moment warten zu können, sind eine hochexplosive Mischung, wenn es darum geht, jemanden vernichtend an seinem wunden Punkt zu treffen.

Intelligenz

Ein erfolgreicher Berufsboxer machte sich einmal in einer Gaststätte über einen langhaarigen jungen Krebs-Mann lustig, indem er ihn dauernd als Fräulein titulierte. Dieser ließ sich das eine Weile gefallen, um dann mit einem Schwall wüstester Beleidigungen zu antworten.

Im Wirtshaus hörte man die Spannung regelrecht knistern, und alle rechneten damit, daß es in wenigen Augenblicken zu einer Schlägerei käme, in der der junge Mann nicht den Hauch einer Chance hätte. Tatsächlich fühlte sich der alkoholisierte Boxer so provoziert, daß er dem Hippie mit Schlägen drohte. Worauf dieser ihn nur noch weiter provozierte und in eine unlösbare Zwickmühle brachte, indem er ihm vor versammeltem Publikum vorwarf, daß ihm offenbar die Argumente ausgegangen seien. Wann immer der Boxer die Fäuste hob, machte sich der junge Mann über dessen mangelnde Intelligenz und fehlende Redegewandtheit lustig, bis dieser schließlich völlig entnervt, wutschnaubend und wortlos das Lokal verließ. Worte können sicherlich weit mehr verletzen als ein K. o.

Friedfertigkeit

Doch all diese unerfreulichen martialischen Szenen fallen in den Bereich Notwehr und finden wirklich nur dann statt, wenn sich der Krebs mit dem Rücken zur Wand in einer scheinbar hoffnungslosen Lage befindet. In allen anderen Situationen gehört er zu den umgänglichsten und friedfertigsten Männern.

Für Kinder kann man sich kaum einen besseren Vater vorstellen, auch wenn Krebse sich nicht in allen Situationen so verhalten, wie es das Erziehungslehrbuch vorsieht. Doch sie vergessen niemals ihre eigene Kindheit, und sie gehören zu den wenigen, denen es tatsächlich gelingt, die Fehler ihrer Eltern nicht zu wiederholen. Da sie sich in die Psyche eines Kindes hervorragend hineinversetzen können, verhalten sie sich fast immer instinktiv richtig. Ihre einzigen Schwächen als Vater sind ihre übertriebene Gutmütigkeit und ihre Stimmungsabhängigkeit.

Die Bedeutung des Geburtstages

Das folgende Kapitel behandelt die einzelnen Geburtstage, die in Gruppen von jeweils drei Tagen zusammengefaßt sind. Dies erlaubt eine wesentlich persönlichere Deutung, als es über das Tierkreiszeichen allein möglich wäre. Wenn Sie die Aussagen zu den einzelnen Geburtstagen mit dem, was Sie über das Tierkreiszeichen gelesen haben, kombinieren, werden Sie die Krebs-Persönlichkeit mit Sicherheit noch besser getroffen finden.

Ergänzender Hinweis: Die in den Geburtstagsgruppen gemachten Aussagen leiten sich von den sogenannten »Kritischen Graden« ab. Diese kommen in unterschiedlicher Häufigkeit über den gesamten Tierkreis verteilt vor. Wenn Sie also – etwa beim gründlichen Vergleich verschiedener Bände aus dieser Reihe – zu unterschiedlichen Daten den gleichen Text vorfinden sollten, ist dies kein Fehler, sondern Absicht. Bei diesen Menschen stand die Sonne zum Zeitpunkt der Geburt eben auf dem gleichen »Kritischen Grad«.

(20.) 21. bis 23.6. (29 Grad Zwillinge bis 1 Grad Krebs)

Gefühl und Verstand

Gefühlsleben und Verstand gehen bei dieser Konstellation eine ungewöhnliche und enge Verbindung ein. So werden sich diese Menschen ihrer Empfindungen oft erst dann bewußt, wenn sie über sie gesprochen haben.

Solche Gefühle, die nicht ausgesprochen werden, bleiben der Gesamtpersönlichkeit unbekannt und sind damit scheinbar nicht vorhanden. So ist es zum Beispiel typisch, daß Menschen, die an diesen Tagen geboren wurden, erst dann merken, daß sie in jemanden verliebt sind, wenn sie ihrem besten Freund oder ihrer besten Freundin so lange von ihrer neuen Bekanntschaft vorgeschwärmt haben, bis sie diesen restlos auf die Nerven gehen.

Pathos

Die Notwendigkeit, alle Gefühle äußern zu müssen, bevor man sie selbst verstehen kann, bringt einen Hang zum Pathetischen und Theatralischen mit sich. Viele schauspielern gern, in Laiendarstellergruppen, im Beruf und auch im Privatleben. So muß man nicht unbedingt immer alles wörtlich nehmen, was sie sagen, sondern sollte dies gelegentlich als Experiment auffassen, mit dem die Möglichkeiten der eigenen Persönlichkeit erforscht werden sollen.

Manche halten Zwiesprache mit ihrem Tagebuch und finden auf diesem Wege Zugang zu ihrem außergewöhnlichen und intensiven Gefühlsleben.

Ausdrucksfähigkeit

Menschen mit dieser Konstellation können besser als andere ihre Empfindungen ausdrücken. Sehr oft tun sie dies auf eine Art, die ihnen allgemein Sympathie einbringt und sie populär macht, da sie Gefühle zeigen, die viele auf eine ähnliche Weise erleben.

Gefühlsintensität und allgemeine Popularität vertragen sich schlecht mit logischem Denken. So wie Stimmungen sich ändern, so ändern sich auch oft ihre Standpunkte. Es wäre deshalb überzogen, von ihnen zu erwarten, daß sie die Dinge morgen noch genauso wie heute sehen. Wenn man dies weiß, kann man sich in ihrer Nähe ausgesprochen wohl fühlen.

Häufig gehören sie zu den Menschen, denen man nachsagt, daß sie selbst den Eskimos Eiswürfel verkaufen könnten. Wenn emotionale Beredsamkeit auch mißbraucht werden kann, so ist diese Fähigkeit dennoch natürlich eine Stärke.

Die Gabe, in Wort und Schrift allgemeinverständlich und überzeugend sein zu können, wird von ihnen oft so selbstverständlich erlebt, daß sie dies überhaupt nicht als persönlichen Vorzug empfinden.

Oft wuchsen sie in einer Umgebung auf, in der weibliche Bezugspersonen prägenden Einfluß hatten. Das wurde fast immer als positiv erlebt, und es gibt kaum jemanden mit dieser Konstellation, der sich nicht an »seine« Lieblingslehrerin erinnert.

Beliebtheit

Menschen, die in diesem Zeitraum geboren wurden, erfreuen sich fast immer großer Beliebtheit in ihrer sozialen Umwelt, auch wenn sie in den meisten Fällen nicht besonders viel dafür tun – es fällt ihnen einfach zu.

Fernsehmoderatoren und Schauspieler, Geschichtenerzähler und viele Journalisten der Boulevardpresse verfügen häufig über diese Konstellation.

Jugendlichkeit

Diese Menschen haben oft bis ins hohe Alter hinein jugendliche Ausstrahlung und überraschen ihre Umgebung oft durch spontane Einfälle und Vorschläge. Doch was bei anderen möglicherweise kindisch wirkt, wird hier als bewundernswerte Eigenschaft empfunden.

24. bis 26.6. (2 bis 4 Grad Krebs)

Empfindsamkeit

Menschen, die an einem dieser Tage geboren wurden, gehören zu den empfindsamsten Vertretern ihres Tierkreiszeichens. Es geschieht kaum eine Regung in ihrer Umwelt, die ihnen entgehen könnte. So wissen sie auch über das, was in ihrem Partner vor sich geht, oft schneller und besser Bescheid als er selbst. So schön es für diesen ist, mit jemandem zusammenzusein, der ihn blind versteht und entsprechend auf ihn eingehen kann, hat diese Konstellation doch nicht nur Vorteile: Schließlich hat jeder seine kleinen Geheimnisse, die er gern für sich behalten möchte. Wer sich ständig durchschaut fühlt, reagiert auch einmal mit deutlichem Unbehagen oder wird sogar regelrecht wütend. Die in diesen Tagen Geborenen fühlen sich dann durch solche Reaktionen zu Recht verletzt und gekränkt, schließlich können sie nichts für ihren Spürsinn, und sie haben es nur gut gemeint. So lernen sie früh, ihre Fähigkeiten, so gut es geht, vor anderen und schließlich sogar vor sich selbst zu verstecken.

Mangelndes Selbstbewußtsein

Viele Menschen mit dieser Konstellation unterschätzen sich und ihre Fähigkeiten. Häufig ist hier die Ursache im Elternhaus zu suchen, wo vielleicht zuwenig Nestwärme vorhanden war oder – was oft der Fall ist – zuviel Kritik geübt wurde. Das Resultat ist leider in vielen Fällen eine überkritische Einstellung sich selbst gegenüber: Niemals ist man mit sich selbst und dem, was man erreicht hat, zufrieden. In – glücklicherweise seltenen – Extremfällen kann dies in einem regelrechten Selbsthaß gipfeln, der jede Lebensfreude im Keim erstickt. Insbesondere bei Frauen kann dies sogar zu gesundheitsschädlichen Eßstörungen führen. In Freundschaften und Beziehungen ist es deshalb für sie besonders wichtig, daß man ihnen Anerkennung und emotionale Unterstützung entgegenbringt. Wenn sie spüren, daß sie jemand wirklich mag und akzeptiert, kennt ihre Dankbarkeit kaum Grenzen, auch wenn sie sich dies selbst vielleicht nicht eingestehen können. Aus Angst, verletzt zu werden, fällt es ihnen oft schwer, anderen zu zeigen, was sie für sie empfinden. Ist jedoch erst einmal das Eis gebrochen, sind sie ausgesprochen stürmisch und leidenschaftlich. Allerdings dauert es recht lange, bis sie einem anderen Menschen uneingeschränkt vertrauen, und der kleinste Mißklang kann dazu führen, daß sie sich wieder in ihr Schneckenhaus zurückziehen. Ihr Gefühlsleben gleicht manchmal einer Achterbahn, in der Niedergeschlagenheit unmittelbar in Begeisterung umschlägt und umgekehrt.

Eßstörungen

Sie lieben es, aktiv zu sein, sind meist sportlich und ehrgeizig. Solange ihnen ihre Stimmungen nicht in die Quere kommen, können sie in kurzer Zeit Außergewöhnliches leisten. Sogar harte Arbeit kann ihnen Spaß machen und Selbstbestätigung geben.

Sport

So vorsichtig sie auch normalerweise vorgehen, in wichtigen Lebenssituationen neigen sie zu vorschnellen Entscheidungen, dies gilt sowohl für den Beruf als auch für Partnerschaften. Hier kostet es oft viel Kraft und Ausdauer, um einmal gemachte Fehler zu korrigieren. Zum Glück haben sie von beidem mehr als genug.

Viele Menschen mit dieser Konstellation besitzen unentdeckte künstlerische, ästhetische und organisatorische Fähigkeiten, die sie fördern und entwickeln sollten. Auf diese Weise können sie einen Ausgleich zu ihren alltäglichen Belastungen schaffen.

27. bis 29.6. (5 bis 7 Grad Krebs)

Menschen, die an einem dieser Tage geboren wurden, haben Großes im Leben vor, und meist *Erfolg* erreichen sie es auch. Freunde, Partner, Verwandte und Konkurrenten können keinen größeren Fehler begehen, als sie zu unterschätzen. Im Glücksfall werden sie angenehm überrascht ihre Meinung ändern, im schlimmsten Fall ihre Fehleinschätzung bitter bereuen. Viele der an diesen Tagen Geborenen besitzen einen besonders ausgeprägten Geschäftssinn, und nichts macht ihnen mehr Freude als zu kaufen und zu verkaufen. Die größte Schwierigkeit bei ihren hochfliegenden Plänen ist die schmerzhafte, aber unvermeidliche Einsicht, daß man bei allen Dingen im Leben am Anfang beginnen muß. Dabei stecken sie voller Ideen, was sie alles machen werden, wenn sie erst einmal »oben« sind. Ihr Problem ist nicht, ihr Ziel aus den Augen zu verlieren – das haben sie ständig vor sich –, sondern die Mühe auf sich zu nehmen, all die kleinen, mühseligen Schritte dorthin zu unternehmen. Eigentlich fühlen sie sich ja zu Höherem berufen. Die größte Falle ist *Lehrjahre* für sie daher, sich für die notwendigen Lehrjahre zu fein zu sein. Menschen, die diesen Fehler begehen, bleibt nichts als ihre große Vision – an eine Verwirklichung ist nicht mehr zu denken.

Beeindruckend sind ihre große Überzeugungskraft und ihr unwiderstehlicher Charme. Diese Kombination macht sie für viele Menschen regelrecht unwiderstehlich, so daß es ihnen so gut wie immer gelingt, Mitstreiter für ihre Projekte zu gewinnen.

Toleranz

Im Umgang mit anderen sind sie großzügig und tolerant, solange niemand ihren Führungsanspruch in Frage stellt. Wer dies wagt, kann im Zweifel sein blaues Wunder erleben. Sobald jemand versucht, ihnen die Butter vom Brot zu nehmen, kämpfen sie wie die Löwen, und sie verlieren so gut wie nie.

Selbstüberschätzung

Ihre oft außerordentlichen Fähigkeiten und ihre Wirkung auf andere können zu Überheblichkeit und Selbstüberschätzung führen – eine der größten Gefahren dieser Konstellation. Dann werden Risiken eingegangen, die in Extremfällen in einer Katastrophe enden können. Deshalb sind für sie Freunde und Partner wichtig, die sie nicht nur hemmungslos bewundern, sondern ihnen mit konstruktiver Kritik helfen, in ihrer Selbsteinschätzung »auf dem Teppich« zu bleiben.

Viele Menschen mit dieser Konstellation haben eine besondere Affinität zum Ausland. Sei es, daß sie so oft wie möglich in die Ferne reisen, sei es, daß sie berufliche Verbindungen zu anderen Ländern oder Kontinenten haben oder Freunde oder der Partner aus einem anderen Kulturkreis stammen.

Leber, Dickdarm und Zähne sind bei vielen Menschen, die in diesen Tagen geboren wurden, Schwachpunkte. Sie sollten deshalb zurückhaltend im Alkoholkonsum sein und auf eine gesunde Ernährung achten.

30.6. bis 2.7. (8 bis 10 Grad Krebs)

Kommunikationstalent

Menschen, die an einem dieser Tage geboren wurden, haben häufig ein außergewöhnliches Kommunikationstalent. Die meisten von ihnen reden viel und gern. Da sie in der Tat etwas mitzuteilen haben und dabei auch noch unterhaltsam und amüsant sein können, hört man ihnen meist bereitwillig zu. Nicht immer und nicht allen gelingt es allerdings, das richtige Maß einzuhalten, so daß mancher übersieht, daß sein Gegenüber gelegentlich auch gern einmal etwas sagen würde.

Unter den Menschen mit dieser Konstellation finden sich häufig geborene Lehrer: Keiner kann so gut wie sie schwierige Zusammenhänge allgemeinverständlich erklären. Ihre Begeisterung für ein Thema ist dabei durchaus ansteckend, so daß ihre Schüler auch tatsächlich bei der Sache sind und nicht nur gelangweilt das Ende der Stunde abwarten.

Diejenigen unter ihnen, die nicht solche Kommunikationsathleten sind, haben häufig eine Vorliebe für das Schreiben, gleichgültig, ob es sich dabei um Briefe, das Tagebuch, Gedichte oder einen Roman handelt.

Einfühlsamkeit

Besser als die meisten Menschen sind sie in der Lage, Gefühle auszudrücken und sich in das Seelenleben anderer hineinzuversetzen. Daher nimmt es nicht wunder, daß, wer in ihrer Umgebung Kummer hat, bei ihnen Verständnis und Trost sucht. Da sie immer bereit sind, anderen zu helfen, bleibt ihnen oft kaum noch genügend Raum für ihr Privatleben. Häufig bedarf es deutlicher Worte des Partners oder enger Freunde, damit sie lernen, sich ausreichend abzugrenzen.

So gut wie alle Menschen mit dieser Konstellation besitzen eine außergewöhnliche geistige Beweglichkeit und eine hohe Intelligenz.

3. bis 5.7. (11 bis 13 Grad Krebs)

Glückskinder

Menschen, die an einem dieser Tage geboren wurden, sind die typischsten Vertreter ihres Zeichens. Die meisten von ihnen sind regelrechte Glückskinder. Was sie anpacken, gelingt ihnen auch so gut wie immer. Die Schwierigkeiten in ihrem Leben scheinen nur dafür dazusein, damit sie sich beweisen können, daß es kaum etwas gibt, mit dem sie nicht fertigwerden. Diese Menschen brauchen regelrecht große Herausforderungen, um sich selbst zu bestätigen und an ihnen zu wachsen. Ein Leben, das allzusehr in überschaubaren Bahnen verläuft, gibt ihnen nicht das Gefühl von Sicherheit, sondern sie langweilen sich schlicht zu Tode.

Mancher geht in solchen Situationen unnötige Risiken ein. Das können gefährliche Sportarten, der Hang zum Glücksspiel oder gar illegale Aktivitäten sein. Und das alles nur, um sich ein wenig Nervenkitzel zu verschaffen. Wenn sie dann einige Jahre später zurückblicken und sich an ihre »Jugendsünden« erinnern (die durchaus nicht nur in der Jugend begangen werden), erschrickt so mancher nachträglich und ist baß erstaunt, trotz so viel sträflichen Unsinns mit heiler Haut davongekommen zu sein.

Viel einfacher sind diejenigen dran, die ihre überschäumende Lebensenergie schon frühzeitig in konstruktive Bahnen lenken konnten.

Menschen, die ihre berufliche Karriere auf der Überholspur machten, sind überdurchschnittlich häufig an diesen Tagen geboren. Ihre zahlreichen Erfolge sind niemals etwas, das sie auf Dauer befriedigen könnte, sondern lediglich Etappen auf einem Lebensweg, der kein endgültiges Ziel zu kennen scheint. Diese Krebs-Geborenen müssen darauf achten, daß sie sich und ihren Angehörigen auch einmal ein wenig Muße gönnen. Denn was nützen Erfolg und Wohlstand schon, wenn man sich nicht die Zeit nimmt, diese auch einmal zu genießen?

Erfolg

In Beziehungen verlangen sie ihrem Partner ein hohes Maß an Toleranz ab. Das macht eine Lebensgemeinschaft oder eine Ehe nicht einfacher. Nicht jeder ist dafür gemacht, mit einem derartigen Energiebündel umgehen zu können. Wer es allerdings mit ihnen aushält, wird dafür mehr als reichlich belohnt: In puncto Großzügigkeit und Hilfsbereitschaft nimmt es so schnell keiner mit ihnen auf.

Energiebündel

6. bis 8.7. (14 bis 16 Grad Krebs)

Beständigkeit

Wer an einem dieser Tage geboren wurde, ist im Emotionalen wesentlich beständiger als die meisten Menschen. So ist zum Beispiel die Entscheidung für einen Lebenspartner von einer größeren Konsequenz und Zuverlässigkeit geprägt, als »normale« Menschen sie aufbringen können. Als einziges Problem mag sich der Umstand ergeben, daß der Partner eben in aller Regel nicht über die gleiche Bindungsfähigkeit verfügt wie man selbst.

Emotionale Enttäuschungen führen bei dieser Konstellation häufiger zu Depressionen, nicht zuletzt deshalb, weil sich diese Menschen schlechter aus seelischen Bindungen lösen können als andere. Um derartige Krisen zu vermeiden, ist allerdings nicht der Rückzug aus Freundschaften und sozialen Kontakten der richtige Weg, sondern ein starkes Engagement in der Öffentlichkeit und im Beruf. Hier können sie mit ihrer außergewöhnlichen Ausdauer und Geduld ganz Ungewöhnliches leisten.

Klare Zielsetzung

Sie gehören oft zu den glücklichen Menschen, die mit einem klaren Lebensfahrplan auf die Welt kamen. Sie empfinden genauer als andere, was sie einmal erreichen wollen. Vielleicht wußten sie bereits als Kind, welchen Beruf sie später ergreifen werden.

Was sie sich vornehmen, schaffen sie meist auch, wenn nicht im ersten, dann im zweiten oder dritten Anlauf. Das Geheimnis ihres Erfolgs ist ein untrügliches Gefühl für Timing. Besser als andere haben sie ein Gespür dafür, wieviel Zeit und Energie sie für das Erreichen eines Ziels investieren müssen. Selbst den Einfluß von Stimmungen und Launen beziehen sie in ihre Überlegungen mit ein. Die Fähigkeit, konsequent zu planen und sich selbst dabei realistisch mit einzubeziehen, macht sie zu unschlagbaren Strategen.

9. bis 11.7. (17 bis 19 Grad Krebs)

Behütete Verhältnisse

Oft wuchsen Menschen mit dieser Konstellation in wohlbehüteten und abgesicherten Verhältnissen auf. Selbst in Fällen, in denen das Verhältnis zu den Eltern nicht gerade das beste war, gab es in materieller Hinsicht kaum ernsthafte Einschränkungen.

Konflikte werden selten offen ausgetragen worden sein, und die wirkliche oder vermeintliche Familienharmonie wurde über alles gestellt.

Weltoffenheit

So entwickelten sie eine vorbehaltlose Weltoffenheit, die sich freilich erst sehr spät an der Realität messen lassen mußte und deshalb oft von einer gewissen Naivität gekennzeichnet ist.

Mit den ihnen angeborenen diplomatischen Fähigkeiten versuchen sie oft zwischen Konfliktparteien in ihrem Freundes- und Bekanntenkreis zu vermitteln. Dieser anerkennenswerten Neigung sollten sie allerdings nur in Ausnahmefällen nachgehen, da bei ihnen die Gefahr zu groß ist, zwischen die Fronten zu geraten. So kann uneigennütziges persönliches Engagement dazu führen, daß aus Freunden Feinde werden.

Mangelnde Konfliktfähigkeit

Selbst sind sie kaum konfliktfähig, da nur in seltenen Fällen in Kindheit und Jugend die Kunst der Auseinandersetzung geübt wurde. So besteht die Tendenz, in Partnerschaften »zu lieb« zu sein. Der eigene Standpunkt wird nicht offen vertreten, was es dem Gegenüber natürlich schwermacht, ihren Interessen gerecht zu werden. Hier sollte der Mut zu klaren Äußerungen entwickelt werden.

In künstlerisch-ästhetischer Hinsicht sind diese Menschen erstaunlich konsequent und geschmackssicher. Sie benötigen eine ordentliche und ansprechende Umgebung, um sich wohl zu fühlen. Ein wenig Luxus bei Kleidung, Kosmetik und Wohnen wird gern in Kauf genommen.

Sie wirken auf ihre Umgebung oft außerordentlich attraktiv, und fast jeder in ihrem Umfeld sucht ihre Nähe und Freundschaft. Insbesondere bei Frauen können sich hier echte Probleme ergeben. Die mangelnde Fähigkeit zur Abgrenzung führt dazu, daß man niemanden zurückweist und auch denen gerecht werden möchte, an denen einem eigentlich gar nichts liegt.

Abgrenzung

Da jeder Mensch nur eine sehr begrenzte Anzahl von Freundschaften wirklich pflegen kann, fühlen sich die ungebetenen Bekannten ständig vernachlässigt und suchen einen Kontakt zu intensivieren, den der Krebs in Wahrheit am liebsten friedlich einschlafen lassen würde. Nicht zuletzt leiden hierunter die wirklich bedeutsamen Beziehungen, die natürlich ebenfalls zu kurz kommen.

Hier muß die Fähigkeit, »nein« zu sagen, erlernt werden, auch wenn dies möglicherweise verletzend sein sollte. Ansonsten läuft man Gefahr, sich in einer Unzahl unproduktiver Bekanntschaften aufzureiben.

12. bis 14.7. (20 bis 22 Grad Krebs)

Menschen, die an diesem Tag geboren wurden, zeichnen sich fast immer durch eine besondere Gradlinigkeit aus. Sie leben nicht in den Tag hinein, sondern verfolgen hochgesteckte und ehrgeizige Ziele. Dafür sind sie auch bereit, Opfer in Kauf zu nehmen. Es ist nicht ungewöhnlich, daß sie bereits als Kinder oder Jugendliche wissen, welchen Beruf sie einmal ergreifen wollen; und was sie sich einmal in den Kopf gesetzt haben, das erreichen sie auch. Meist sind sie zurückhaltend und ernsthaft, so daß sie mancher unterschätzt. Wer jedoch einen zweiten Blick riskiert, merkt schnell,

Gradlinigkeit

daß ihnen einfach kaum daran liegt, sich vorteilhaft in Szene zu setzen. Immer geht es ihnen um die Sache und nicht um die Show.

Sachlichkeit

So sind sie besser als andere Menschen in der Lage, Situationen sachlich zu beurteilen. Ungefragt werden sie ihre Ansichten nur selten mitteilen, aber es lohnt sich immer, sie danach zu fragen. Ihr ausgeprägter Gerechtigkeitssinn macht sie zu guten Anwälten – im wörtlichen und übertragenen Sinne des Wortes. Wenn sie für eine gute Sache kämpfen, können sie eine unerwartete Begeisterungsfähigkeit und Überzeugungskraft entwickeln. In Verbindung mit ihrer Zähigkeit sind dies optimale Voraussetzungen, um ihren Interessen zum Durchbruch zu verhelfen.

Menschen, die in diesen Tagen geboren wurden, brauchen oft länger als andere, um persönliche oder berufliche Entscheidungen zu fällen, schließlich will alles bei ihnen genau überlegt sein. Auch in Beziehungen lassen sie sich meist Zeit, bevor sie sich endgültig binden. Oft sind sie hier ein wenig schüchtern oder sogar unsicher. Wenn sie jedoch einmal ihr Herz verschenkt haben, sind sie treue und verläßliche Partner.

15. bis 17.7. (23 bis 25 Grad Krebs)

Aktion

Für Menschen mit dieser Konstellation gibt es nichts Schlimmeres als Stillstand und Stagnation. Immer müssen sie in Bewegung sein, sei dies nun geistig oder körperlich. So reisen sie gern und häufig und nehmen ständig Veränderungen an ihrer Wohnung vor. Viele von ihnen ziehen außergewöhnlich oft um.

In der Regel besteht eine überdurchschnittliche sprachliche Begabung. So fällt es ihnen leicht, sich schriftlich oder mündlich auszudrücken, und wer sie dumm anredet, muß in jedem Fall mit einer »schlag«-fertigen Antwort rechnen.

Oft besteht ein besonderes Interesse an Sprachen und Literatur, das sie auch beruflich zu nutzen versuchen. Dies gilt ebenso für ihr Interesse an Reisen. Insbesondere in jungen Jahren übernehmen sie gern Tätigkeiten, bei denen sie »herumkommen«.

Literatur

Die Ortsgebundeneren unter ihnen besitzen neben ihrem Sprach- und Kommunikationstalent auch einen guten Geschäftssinn, so daß viele erfolgreich im Handel tätig sind. Bei allem, was sie tun, ist jedoch Abwechslung das wichtigste Element. Das gilt sowohl für den Beruf als auch für die Partnerschaft. So hat mancher lange Zeit mehr Freude an der Partnersuche als an einer festen Beziehung. Haben sie sich schließlich gebunden, sind zahlreiche gemeinsame Aktivitäten das A und O für eine harmonische Beziehung. Für auf Dauer angelegte Lebensgemeinschaften ist dies sogar noch wichtiger als die erotische Anziehung. Ein allzu häusliches Gegenüber wird es mit ihnen schwerhaben, da diese Krebs-Geborenen viel zu unternehmungslustig sind, um die ganze Freizeit in den eigenen vier Wänden zu verbringen. Die Gefahr wäre groß, daß der häusliche Partner die meiste Zeit mit Warten verbringt. Konflikte und Entfremdung sind damit programmiert. Mögliche körperliche Schwachpunkte sind Magen, Nerven und Gelenke.

Abwechslung

18. bis 20.7. (26 bis 28 Grad Krebs)

Menschen, die in diesen Tagen geboren wurden, haben das Bedürfnis, die eigene Kraft in den Dienst überpersönlicher Zielsetzungen zu stellen. Sie sehnen sich daher nach Werten, für die es sich – auch objektiv gesehen – zu kämpfen lohnt.

Radikalität

So sind sie gern radikal und konsequent, sobald sie davon überzeugt sind, sich für das Richtige einzusetzen. Deshalb wirken sie auf ihre Umgebung manchmal ein wenig intolerant, während sie selbst eher unter dem Mangel an Entschlossenheit ihrer Mitmenschen leiden.

Unter dieser Konstellation finden sich ungewöhnlich viele aufrechte, mutige, geradlinige und zielstrebige Persönlichkeiten, die sich nicht so schnell ins Bockshorn jagen lassen und ihre eigenen Möglichkeiten und Grenzen ganz genau kennen.

Sie können für ihre Ziele alle Reserven mobilisieren. Durch autoritäres Gehabe, Großmäuligkeit und alberne Machtdemonstrationen (zum Beispiel von Vorgesetzten) lassen sie sich kaum beeindrucken.

Ausgeglichenheit

Menschen mit dieser Konstellation sind oft ausgeglichener als andere, da sie es verstehen, sich ihr Leben ihren persönlichen Neigungen und Fähigkeiten angemessen einzurichten. Sie setzen sich Ziele, die sie weder über- noch unterfordern. So verschaffen sie sich Erfolgserlebnisse, die ihnen zu einem gesunden Selbstbewußtsein verhelfen. Voraussetzung hierfür ist eine berufliche Situation, die ihren Fähigkeiten angemessen ist. Besonders wichtig ist ihnen eine Position, in der sie Verantwortung übernehmen können.

An ihren Partner stellen sie hohe Anforderungen, doch verlangen sie von anderen niemals mehr, als sie selbst zu geben bereit sind. Wenn es besondere Umstände notwendig machen, bringen sie für Menschen, die ihnen sehr viel bedeuten, große Opfer.

21. bis 23.7. (29 Grad Krebs bis 1 Grad Löwe)

Charisma

Menschen, die an diesen Tagen geboren wurden, weisen oft eine ganz außergewöhnliche Ausstrahlung auf: Sie wirken häufig in der einen oder anderen Hinsicht »unirdisch« oder ätherisch. Dies kann sich in einem besonders zarten Äußeren, einer außergewöhnlich wohlklingenden Stimme oder auch »nur« in einem ausnehmend liebenswürdigen Verhalten äußern.

Diese Konstellation ist ein sicheres Zeichen für eine gewisse Naivität, die sich in einem eigentümlichen Urvertrauen in die Menschen und das Leben äußert. Dies weckt regelmäßig die Beschützerinstinkte von Angehörigen und Freunden, die fürchten, daß »ihr« Krebs mit seiner »Weltfremdheit« unter die Räder kommen könnte.

Risiko

Unbestreitbar begeben sich tatsächlich viele dieser Krebs-Geborenen, vor allem in jungen Jahren, in gelegentlich haarsträubend gefährliche Situationen. Allerdings geschieht dabei nur in den seltensten Fällen ein wirkliches Unglück. So eigentümlich sie an das Leben und seine Herausforderungen heranzugehen scheinen, es wäre ein großer Fehler, sie in irgendeiner Beziehung zu unterschätzen. Der Erfolg gibt ihren unkonventionellen Vorgehensweisen nur allzuoft recht.

Menschen mit dieser Konstellation sind ausgesprochen gefühlsintensiv. Sie sind von heftigen Emotionen bewegt und müssen diese auch ausleben, um sich wohl und gesund zu fühlen.

Bewegungsdrang

Dies kann sich im Drang nach körperlicher, sportlicher Betätigung oder auch im künstlerischen Bereich äußern.

Gelegentlich werden sie sich als Opfer ihrer eigenen Stimmungsschwankungen empfinden – allerdings nur, wenn sie in einer Umwelt leben, die ihrem Selbstentfaltungsdrang allzu enge Grenzen setzt.

Ansonsten sind sie »Saisonarbeiter«: Wenn sie von einer Idee begeistert sind, können sie über Wochen und Monate sehr hart arbeiten und mit einem Minimum an Schlaf auskommen. In Phasen von Mutlosigkeit mag ihnen dann allerdings genauso die kleinste Anstrengung zuviel sein.

Partnerschaft

Das Zusammenleben mit ihnen mag nicht immer leicht sein, da es einfach unmöglich ist, sich ihrer Ausstrahlung und ihren Stimmungen zu entziehen. Auf der anderen Seite wird es mit ihnen bestimmt niemals langweilig, da sie einen permanent mit neuen Ideen, Projekten, Liebschaften und ähnlichem in Atem halten. Gelegentlich geht ihnen die Gefühlsachterbahn ihres Lebens selbst ein wenig auf die Nerven, und sie sehnen sich nach einer entspannenden Routine. In solchen Situationen werden Tages-, Wochen-, Monats- oder gar Jahrespläne aufgestellt. Aber machen Sie sich keine Sorgen: Die unter dieser Konstellation Geborenen sind viel zu sehr gefühlsbestimmt, als daß sie einer seelenlosen Routine längere Zeit anhängen könnten.

Wenn andere Konstellationen im individuellen Horoskop dies bestätigen, liegt hier eine schöpferische oder kunsthandwerkliche Begabung vor.

Gleichgewichtssinn

Menschen, die an einem dieser Tage geboren wurden, haben einen überdurchschnittlich guten physischen Gleichgewichtssinn, was aus ihnen gelegentlich begnadete Turner und Artisten werden läßt. Fast alle Frauen mit dieser Konstellation und die meisten Männer sind exzellente Tänzer.

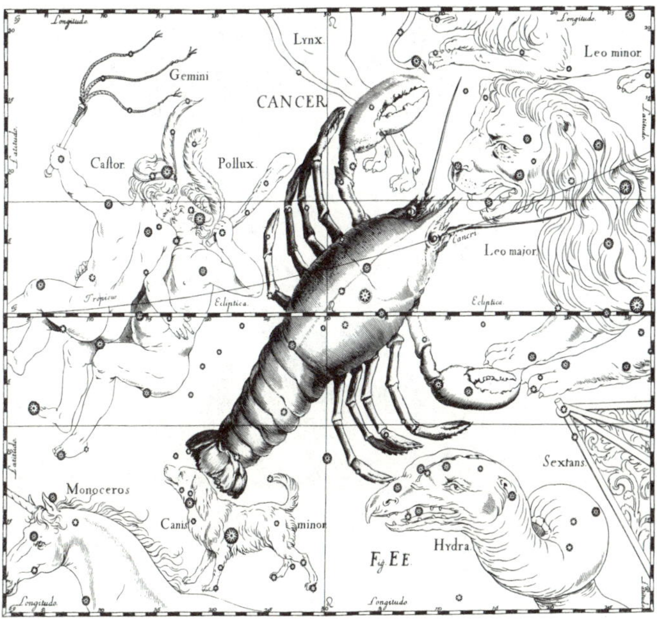

Welcher Mond-Typ ist der Krebs?

Jeder Mensch hat neben seinem Sonnen- auch ein Mondzeichen. Das Zeichen, in dem die Sonne steht, spiegelt unser Handeln wider, während das Mondzeichen Auskunft über unser Gefühlsleben gibt. Sie können also zum Beispiel ohne weiteres gleichzeitig Krebs(-Sonne) und Widder(-Mond) sein.

Gefühlsleben

Gerade wenn Sie einigen Aussagen zum typischen Krebs gar nicht recht folgen können, sollten Sie einmal unter dem Mondzeichen des Betreffenden nachschauen. In vielen Fällen werden Sie hier die Erklärung finden, warum und in welcher Weise er sich von anderen Krebsen unterscheidet.

Individuelle Horoskopdeutung

Für eine individuelle Horoskopdeutung ist das Mondzeichen eigentlich noch wichtiger als das Sonnenzeichen. Der Grund, warum das Mondzeichen längst nicht so bekannt ist und dementsprechend auch nicht ausreichend gewürdigt wird, liegt wie gesagt einfach an einem technischen Problem: Während Sie Ihr Sonnenzeichen leicht über Ihr Geburtsdatum feststellen können, ist dies beim Mondzeichen nicht so einfach.

Hier wurden bisher Spezialtabellen, sogenannte Ephemeriden, benötigt, oder man bediente sich eines Computerprogramms. Mit Hilfe der Tabelle im Anhang (»Die Bestimmung des Mondzeichens«) können Sie allerdings sehr leicht das persönliche Mondzeichen des Krebses feststellen.

Widdermond

Temperament

Die Kombination von Sonne im Krebs und Mond im Widder weist auf ein besonders energisches Temperament hin, das mit der Fähigkeit verbunden ist, in nahezu allen wichtigen Lebenssituationen trotz heftiger seelischer Stürme überlegt zu handeln. Auf diese Weise werden viele Fehler vermieden, die sich ergeben würden, wenn Widdermond-Geborene ihren spontanen Stimmungen nachgäben. Wenn sie allerdings einmal die Selbstbeherrschung verlieren, dann gründlich. Es gibt in diesem Fall kaum eine Möglichkeit, sie zu stoppen. Im Affekt werden dann manchmal Dinge gesagt und getan, die man später lieber ungeschehen machen würde. Glücklicherweise kommen solche Situationen nicht allzuoft vor.

Selbstverantwortung

Wer unter dieser Zeichenkombination geboren wurde, weiß, daß er für sich und seine Handlungen selbst verantwortlich ist. Doch er weiß auch, daß er sich auf die Unterstützung von Freunden und Bekannten verlassen kann, wenn er diese wirklich benötigt. Umgekehrt kann auch seine Umgebung in schwierigen Situationen auf ihn zählen. Das macht den Umgang mit ihm in aller Regel angenehm, trotz seiner Ecken und Kanten, denn nichts ist ihm peinlicher, als anderen zur Last zu fallen. Nur selten werden Menschen mit dieser Konstellation andere für eigene Fehler verantwortlich machen, und so nehmen sie es auch gelassen hin, wenn Mitmenschen, die ihnen nicht allzu nahestehen, über ihren Eigensinn gelegentlich den Kopf schütteln. Schließlich ist es ihr Leben, und sie sind nicht auf der Welt, um es allen recht zu machen.

Hilfsbereitschaft

Die entwickelten Persönlichkeiten unter ihnen zeichnen sich durch besondere Hilfsbereitschaft aus, die sie nicht an die große Glocke hängen, noch erwarten sie besonderen Dank dafür. Gerade in schweren Krisen fällt es ihnen selbst nicht leicht, Hilfe anzunehmen. Sie haben an sich den Anspruch, mit allen Problemen des Lebens aus eigener Kraft fertigzuwerden, und sind deshalb oft zu stolz, andere um Rat oder gar um finanzielle Unterstützung zu bitten.

Ignoranz

Kein Mensch kann ohne andere bestehen. Manche Widdermond-Geborene begehen den Fehler, sich immer und ausschließlich auf sich selbst zu verlassen, und übersehen dabei, daß sie keines ihrer Ziele ohne die Unterstützung und Mithilfe anderer erreichen können. Im Extremfall kann hier aus Unabhängigkeit sogar Ignoranz werden. Sie können keinen Rat akzeptieren, auch dann nicht, wenn er von wohlmeinender und berufener Stelle kommt.

In den meisten Fällen führen private und berufliche Krisen schließlich zu der Einsicht, daß ein Weiterkommen nur möglich ist, wenn das Wissen und Können anderer in das eigene Leben mit einbezogen wird. Gerade bei außergewöhnlich starken Persönlichkeiten kann es aber passieren, daß sie sich so lange ausschließlich auf sich selbst verlassen, bis sie sich in eine derart aussichtslose Lage manövriert haben, daß eine sinnvolle Lösung kaum noch möglich ist. Die größte Herausforderung für Widdermond-Geborene ist zweifellos das Erlernen echter Begegnungsfähigkeit. Dies gilt besonders für die mit einer Krebssonne. Fühlen und Handeln sind hier oft so widersprüchlich, daß man Schwierigkeiten hat, sich selbst zu verstehen. Um so schwerer ist es dann, auf andere angemessen zuzugehen.

Partnerschaft

Partnerschaft, Freundschaft und Familie können nicht mit dem gleichen Mißtrauen und der gleichen Konkurrenzorientierung angegangen werden wie das übrige Leben. Hier gilt es, echte Offenheit und Vertrauen zu erlernen. Nur das Bemühen um diese Fähigkeiten schafft die Möglichkeit für ein zufriedenes und ausgeglichenes Leben.

Aufgaben

Für diese Menschen ist es eine echte Lernaufgabe zu begreifen, daß es kein Zeichen der Schwäche ist zuzugeben, wenn man einmal mit seinem Latein am Ende ist, im Gegenteil. Unbewußt haben sie Angst, aus ihrem Freundes- und Bekanntenkreis ausgeschlossen zu werden, wenn man ihnen anmerkt, daß sie Hilfe benötigen. Diese Sorge ist unbegründet. Die Menschen, die sie selbst immer wieder unterstützt haben, werden sich freuen, wenn sie sich revanchieren können.

☽

Stiermond

Nutzen

Bei dieser Konstellation kommen unüberlegte und impulsive Handlungen kaum vor. Bevor man handelt, untersucht man die Dinge auf ihren praktischen Nutzen; ist ein solcher nicht erkennbar, wird man erst gar nicht aktiv. Die manchmal vorhandene Unbeständigkeit und mangelnde Zuverlässigkeit anderer Krebse tritt bei dieser Konstellation nicht auf.

Stiermond-Geborene haben im allgemeinen ein gutes Verhältnis zum Geld. Wann immer es möglich ist, werden sie darauf achten, daß sie mehr einnehmen, als sie ausgeben. Deshalb gelingt es ihnen auch, sich in guten Zeiten nennenswerte Ersparnisse zurückzulegen. Bei manchen Stiermond-Geborenen mag die Sparsamkeit übertriebene Züge annehmen. Steht die Sonne zusätzlich im Krebs, ist dies jedoch nur ausgesprochen selten der Fall. Es gibt auch hier den Gegentyp. Bei diesem besteht häufig eine Tendenz zu riskanten Spekulationen und windigen Geschäften, die angeblich über Nacht riesige Gewinne bringen sollen. Solche Aktionen können ihn sehr viel Lehrgeld kosten oder ihn gar um sein Vermögen bringen.

Geld

Den meisten Menschen mit dieser Konstellation gelingt es jedoch, eine vernünftige Einstellung zu ihren Finanzen und ihrer materiellen Absicherung zu entwickeln.

Wenn sie haben, was sie wollen, tun sie alles, um es nicht wieder zu verlieren. Im Gegenteil: Einmal erlangte Vorteile gilt es zu erhalten und zu mehren. Wenn Sie einen Krebs kennen sollten, der Großverdiener ist und nach wie vor in einer kleinen Zweizimmerwohnung lebt, ein 20 Jahre altes Auto fährt und Anzüge trägt, die bereits in seiner Jugendzeit aus der Mode waren, dann wird sein Mond höchstwahrscheinlich im Stier stehen. Lediglich beim Steinbockmond sind ähnlich sparsame Tendenzen möglich. Die Praxis hat gezeigt, daß viele erfolgreiche Immobilienmakler diese

Sparsamkeit

Konstellation besitzen. Das gilt auch für alle anderen Berufe, die mit dem Verwalten oder dem An- und Verkauf von Grundbesitz zu tun haben.

Beruf

Wissen, das nicht konkret anwendbar ist, interessiert Stiermond-Geborene nur in den seltensten Fällen. Umgekehrt sind sie dazu in der Lage, auch scheinbar völlig verkopfte Theorien oder Einstellungen in die Praxis umzusetzen.

Fast alle besitzen ein auffällig gutes Gedächtnis, das scheinbar jeden Eindruck, jeden Gedankengang archiviert und allzeit zum Abruf bereithält.

Freunde und Familie

Ihr Engagement für ihre Freunde, für Familie und Bekannte ist in vielen Fällen beeindruckend. Gerade für sozial Schwache und Gestrauchelte setzen sie sich ein, ohne dabei Rücksicht auf die öffentliche Meinung zu nehmen. Wenn es um Menschen und Menschlichkeit geht, interessieren sie Ideologien und Dogmen überhaupt nicht mehr. Instinktiv ist ihnen der Unterschied zwischen persönlichen Ansichten und praktischen Notwendigkeiten bewußt. Inhumanes Verhalten oder sklavisches Festhalten an bürokratischen Vorschriften kommen bei ihnen nur in den seltensten Fällen vor.

Sinnlichkeit

Keine andere Mond-Konstellation weist so viel angeborene Sinnlichkeit und Genußfähigkeit auf wie diese. Essen, Trinken, geselliges Beisammensein und nicht zuletzt die Sexualität können intensiv genossen werden. Aus dieser lebensfrohen Einstellung zieht man die Kraft, um auch mit den schwierigen Situationen des Lebens zurechtzukommen.

Wenn auch nicht alle, so besitzen doch viele Stiermond-Geborene einen umwerfenden Humor, der meist bodenständig bis derb ist. Zumindest aber ist ein gewisser »Mutterwitz« vorhanden, der es ihnen leichtmacht, Spannungssituationen die Spitze zu nehmen.

Der größte denkbare Hemmschuh für eine weiter gehende Persönlichkeitsentwicklung ist der Hang zum Opportunismus. Das eigene Fähnchen wird immer nach dem Wind ausgerichtet, der den größten Geldsegen verspricht, ohne sich dabei von moralischen oder ethischen Problemen allzusehr irritieren zu lassen. Als Konsequenz verlieren alle Dinge im Leben ihren persönlichen Wert, auch der größte materielle Erfolg kann nicht mehr befriedigen. Wer die Sonne im Krebs hat, läuft allerdings kaum Gefahr, dieser verhängnisvollen Versuchung zu erliegen.

Überlebenskünstler

Stiermond-Geborene sind wahrhafte Überlebenskünstler, deren Bodenständigkeit sie auch mit den schwierigsten Krisen im Leben zurechtkommen läßt. Doch eines gelingt ihnen nur unter größten Anstrengungen: freiwillig Opfer zu bringen, auf etwas zu verzichten, finanzielle Einbußen in Kauf zu nehmen. Hier muß gelernt werden, daß auch geistige Werte etwas bedeuten, und zwar in vielen Fällen weitaus mehr als die materiellen. Erst wenn wir uns moralische, ethische oder religiöse Prinzipien zu eigen gemacht haben, nach denen wir unser Leben ausrichten, kann materieller Wohlstand wirklich geschätzt werden.

Aufgaben

Wer mit dem Mond im Tierkreiszeichen Stier geboren wurde, muß lernen, daß es in diesem Leben keine endgültige Sicherheit und keine absolute Gewißheit gibt. Nur so können Existenzängste überwunden und Lebensfreude und Genußfähigkeit voll entwickelt werden.

☽

Zwillingsmond

Es gibt keine besseren Verhandlungspartner als Menschen mit dieser Konstellation. Wenn Sie jemanden brauchen, der Ihnen hilft, einen anderen von einer Sache zu überzeugen, suchen Sie sich jemanden mit dieser Konstellation. Er kann glaubhafter Positionen vertreten, von denen er im Grunde nicht die geringste Ahnung hat, als mancher Experte.

Mitteilungsbedürfnis

Nichts macht einen Menschen mit dieser Konstellation glücklicher, als wenn er sich anderen mitteilen kann, sei es mündlich oder schriftlich. Da er mehr Gedanken zu vermitteln hat, als ein normales Gegenüber verkraften kann, schafft hier nur ein großer Freundeskreis oder ein passender Beruf Abhilfe. So nimmt es nicht wunder, daß viele mit dieser Konstellation erfolgreich und gern einer Lehrtätigkeit nachgehen.

Sport

Die wenigen Zwillingsmond-Geborenen, die nicht zum Typus des Kommunikationsathleten gehören, verfügen oft über eine außerordentliche sportliche Begabung. Für diese Menschen ist regelmäßiges Training häufig die Voraussetzung für ihr seelisches und körperliches Gleichgewicht, da für ihre überschießende seelische und physische Energie auf diese Weise ein Ausgleich geschaffen wird. Die Praxis hat gezeigt, daß diese Konstellation oft in

Verbindung mit Allergien, insbesondere im Atemwegsbereich, in Verbindung steht, die auf diese Weise bis hin zur Beschwerdefreiheit gemildert werden können.

Die Mehrzahl der Zwillingsmond-Geborenen ist zwar eher nicht künstlerisch veranlagt, verfügt dafür aber über um so größere rhetorische und analytische Fähigkeiten. Steht die Sonne im Krebs, kommt noch die Fähigkeit hinzu, andere stark emotional ansprechen zu können: Kopf und Bauch gehen Hand in Hand, eine Mischung, der man kaum widerstehen kann.

Analytische Fähigkeiten

Vor allem bei Themen, die sie nicht unmittelbar persönlich betreffen, können sie außergewöhnlich unvoreingenommen das Für und Wider unterschiedlicher Standpunkte abwägen. Das macht sie zu beliebten Diskussionspartnern, aber auch zu ausgezeichneten Schlichtern in Auseinandersetzungen.

Die Gabe, in Wort und Schrift allgemeinverständlich und überzeugend sein zu können, wird von ihnen häufig als so selbstverständlich erlebt, daß sie dies – völlig zu Unrecht – oft überhaupt nicht mehr als persönlichen Vorzug empfinden.

Menschen mit Zwillingsmond erfreuen sich in der Regel einer besonderen Beliebtheit in ihrem Bekanntenkreis. Sie haben häufig bis ins hohe Alter hinein eine jugendliche Ausstrahlung und überraschen ihre Umgebung durch spontane Einfälle und Vorschläge.

Umwelt

Sie lieben die Beweglichkeit, sei es im geistigen oder im körperlichen Bereich. Begeisterungsfähigkeit und Spontaneität gehören zu den sympathischsten Eigenschaften, die man bei ihnen auch keinesfalls unterdrücken darf, da sie sonst mit Krankheit und Depression reagieren. Viele Zwillingsmond-Geborene laufen Gefahr, ihr gesamtes Leben auf der Überholspur zu verbringen. Da bleibt kaum Zeit, sich mit jemandem oder etwas wirklich intensiv zu beschäftigen. Auch Eigenschaften wie Fingerspitzengefühl und Rücksichtnahme müssen zurückstehen, wenn es um die Sache geht. Wer nicht gelernt hat, sich genügend Zeit für Freunde und Partner zu nehmen, läuft Gefahr, oberflächlich und gefühlskalt zu werden.

Aufgaben

Die größte Herausforderung für Zwillingsmond-Geborene ist das Erlernen der Fähigkeit, aus ihrer immensen Vielseitigkeit echte Toleranz zu entwickeln. Es erfordert von ihnen wahrhaft Größe, andere Ansichten als die eigenen wirklich gelten zu lassen und nicht nur gönnerhaft zu ertragen. Partnerschaft, Freundschaft und Familie können nicht mit »wissenschaftlichem« Verstand angegangen werden. Hier sind Weitsicht, Muße und Offenheit notwendig. Die Auseinandersetzung mit religiösen und weltanschaulichen Themen kann dabei außerordentlich nützlich sein. Denn nur wer in seinem Leben einen tieferen Sinn erkennt, vermag auch wirklich »zu-frieden« zu sein.

Krebsmond

Verstärkung

Wenn sowohl die Sonne als auch der Mond im Zeichen Krebs stehen, verstärkt dies deutlich die Natur dieses Tierkreiszeichens. Diese Menschen sind deshalb in vielfacher Hinsicht besonders typische Vertreter ihres Zeichens.

Manchmal wirken sie vielleicht ein wenig ungelenk und tolpatschig. So wecken sie unwillkürlich den Wunsch, ihnen zu helfen. Man möchte ihnen unter die Arme greifen, sie beschützen und verhindern, daß sie ständig über die eigenen Beine stolpern. Die gutgemeinten Bemutterungsversuche werden jedoch nur selten auf Gegenliebe stoßen. Krebsmond-Geborene verfügen über ein erstaunliches Maß an Stolz und Ehrgefühl. Sie hängen einfach mehr als andere ihren Gedanken nach und schenken der Umwelt dafür etwas weniger Aufmerksamkeit.

Stolz und Ehrgefühl

Neben den Fischemond-Geborenen sind diese die gutmütigsten Vertreter ihres Tierkreiszeichens. Solange Sie die Gefühle des Krebsmonds nicht verletzen und er im Gegenzug die Ihrigen nachvollziehen kann (und es gibt nur wenig, wofür ein Krebsmond nicht Verständnis aufbringen könnte), wird er sich noch nicht einmal wehren, wenn Sie ihm die Haare vom Kopf fressen. Die größte Dummheit, die Sie begehen können, ist, ihn deshalb für einen naiven Trottel zu halten. Sie müssen überhaupt nichts tun, es reicht völlig aus, wenn Sie so etwas denken: Er wird es merken. Und die Folgen sind furchtbar. Ehe Sie sich versehen, hat er Sie an allen Ihren wunden Punkten gleichzeitig getroffen, allen anderen, die Sie schon kannten und sorgsam zu verstecken suchten, und noch ein paar, von denen Sie bis jetzt noch gar nicht wußten, daß es wunde Punkte sind. Der Krebsmond ist der Gefühlsseismograph unter den Tierkreiszeichen,

Gefühlsseismograph

keine seelische Regung in seiner Umgebung entgeht ihm, und er merkt sie sich alle. Solange Sie seine Gefühle nicht verletzen, haben Sie, wie gesagt, den gutmütigsten Menschen der Welt vor sich, andernfalls nimmt er Ihr Selbstwertgefühl auseinander wie ein Metzger ein Stück Fleisch.

Allzusehr sollten Sie sich durch diese Darlegungen nicht erschrecken lassen, denn Krebsmond-Geborene sind nicht nachtragend. Sobald sie ihren Fehler eingesehen haben, sind sie die ersten, die bereit sind, das Ganze zu vergessen.

Unbestechlichkeit

Wenn Sie einen solchen Menschen von etwas überzeugen oder zu einer Sache überreden wollen, werden Sie mit den üblichen Argumenten eher wenig ausrichten. Falls er sich nicht gerade in großen finanziellen Schwierigkeiten befindet, wird Geld allein ihn kaum umstimmen können. Auch Prestige, sozialer Status oder Abenteuerlust werden für ihn nur selten bestimmende Motive sein. Wenn Sie jedoch glaubhaft machen können, daß andere ohne die Hilfe und Unterstützung des Krebsmondes aufgeschmissen wären, wird ihm ein »Nein« ausgesprochen schwer fallen. Sein soziales Gewissen ist viel zu ausgeprägt, als daß er leichten Herzens andere in der Patsche sitzenlassen könnte. Aber vergessen Sie niemals: Wenn Sie mit den Gefühlen eines Krebsmondes spielen, geht der Schuß fast immer nach hinten los!

Häuslichkeit

Menschen mit dieser Konstellation sind häuslich: Die Geborgenheit in der Familie und der Schutz in den eigenen vier Wänden liegen ihnen ganz besonders am Herzen. Viele von ihnen sind sogar ausgesprochen gute Köche, was bei der doppelten Krebs-Betonung ja auch kein Wunder ist. Schließlich ist der Krebs für alles zuständig, was den Magen betrifft.

Krebsmond-Geborene sind in ihrer persönlichen und beruflichen Umgebung aufgrund ihres Einfühlungsvermögens oft außerordentlich beliebt, ohne daß sie darum viel Aufhebens machen würden. Im Gegenteil: Meist ist ihnen gar nicht bewußt, wie gut sie bei anderen ankommen. Mehr als andere neigen sie zu Selbstzweifeln, die sie jedoch in der Regel konstruktiv nutzen, um sich selbst immer wieder zu besonderen Leistungen zu motivieren. Mit Durchschnittlichkeit und Mittelmaß werden sie sich – bei sich selbst – niemals zufriedengeben. Sie neigen dazu, von sich selbst mehr zu verlangen als von anderen. In dieser Hinsicht sind sie auch die idealen Vorgesetzten. Sie werden kaum zu denjenigen gehören, die während der Arbeitszeit Golf spielen gehen, während sie von ihren Mitarbeitern höchstes Engagement fordern. Typischer für sie ist, daß sie morgens als erste die Firma betreten, um sie abends als letzte zu verlassen. Das hat natürlich für die Mitarbeiter Vorbildfunktion und spornt sehr viel mehr an als etwa eine drohende Entlassung oder eine Gehaltskürzung. Aber auch als Mitarbeiter werden sie ihr Bestes geben und sich weit über das verlangte Maß für ihre Tätigkeit engagieren, wenn man ihnen die Möglichkeit gibt, sich mit ihrer Aufgabe, ihren Kollegen und dem Konzept des Betriebes zu identifizieren.

Beliebtheit

Vorbildfunktion

Niemand kann bei außergewöhnlicher Begabung so beliebt und populär sein wie ein

Krebsmond-Geborener. Bei allen anderen Konstellationen ist Anerkennung mit Neid und »Volkstümlichkeit« mit einem Mangel an Niveau verknüpft. Daß dies hier anders ist, hängt vielleicht damit zusammen, daß jeder ihnen anmerkt, wie hart sie für ihren Erfolg gearbeitet haben und wie ehrlich sie sich über ihn freuen können.

Boris Becker

Boris Becker etwa löste mit seinem ersten Wimbledon-Sieg eine derartige Begeisterung aus, daß Tennis völlig unerwartet zum Volkssport wurde. Thomas Mann schuf mit den *Buddenbrooks* ein Stück Weltliteratur, als er gerade mal Anfang 20 war. Claude Debussy ist neben Ravel der bedeutsamste impressionistische Komponist. Bei einem entsprechenden Entwicklungsniveau sind beim Krebsmond also außergewöhnlicher Ehrgeiz und oft auch künstlerische Begabung vorhanden. Erfolg und Popularität sind das häufige Ergebnis besonderer Anstrengungen und immenser Kreativität.

Konsequenz

Jede Fähigkeit ist auch eine Bürde: Wer über viel Phantasie und Kreativität verfügt, wird Schwierigkeiten haben, sich für langfristige Ziele zu entscheiden und entsprechend am Ball zu bleiben. Es fällt schwer, konsequent eine Sache zu verfolgen, wenn wir ständig neue und interessante Ideen haben. In psychologischer Hinsicht sind Selbstdisziplin und schöpferische Begabung Gegensätze. Doch nur wer lernt, sich aus der Vielzahl seiner Wünsche und Möglichkeiten auf einige wesentliche Themen zu beschränken, kann Außergewöhnliches leisten. Nahezu alle erfolgreichen Krebsmond-Geborenen haben schon frühzeitig auf ein einziges Ziel hingearbeitet.

Die größte Herausforderung für sie ist das Erlernen der Fähigkeit, nicht ständig das Opfer der eigenen Stimmungen zu werden. Hier verhalten sie sich manchmal ungerecht und stehen sich selbst im Weg.

Wer unter dieser Konstellation geboren wurde, reagiert meist besonders empfindlich auf die Mondphasen. Das gilt sowohl für Neumond als auch für Vollmond.

Mondphasen

Löwemond

Diese Konstellation hat viele Vorzüge, die die darin Geborenen mit besonderen Fähigkeiten ausstatten. Sie lernen schneller und leichter als andere Krebse. Häufig besitzen sie eine besondere Sprachbegabung und fast immer kaufmännisches Talent. Niemand kann so gut wie sie in einer Gruppe von Menschen unterschiedlichster Herkunft und verschiedenen Temperaments eine angenehme Atmosphäre schaffen. Es gibt kaum bessere Gastgeber als sie. Selbst der formellsten Veranstaltung können sie noch eine persönliche und menschliche Note geben. Das wissen sie selbst besser als alle anderen, und genau das ist ihr Problem: Unabhängig davon, wieviel Lob und Anerkennung man ihnen entgegenbringt, sie fühlen sich mißverstanden und unterbewertet. Zu Recht wollen sie für ihr Können und ihre Leistungen anerkannt und respektiert und nicht nur einfach »nett« gefunden werden. Hier können unter Umständen sogar Primadonnenallüren auftreten, womit sie in ihrer Umgebung auf Unverständnis stoßen.

Besondere Fähigkeiten

Gefühlsleben

Im Bereich der Gefühle reagieren sie immer heftig und intensiv, das gilt natürlich auch, wenn sie sich enttäuscht und verletzt fühlen, obwohl sie im Normalfall viel zu stolz sind, sich eine Kränkung anmerken zu lassen. In der Regel ist es dann Aufgabe des Partners, das angeschlagene Selbstwertgefühl wiederaufzubauen.

Dabei handelt es sich hier um ausgesprochen begeisterungsfähige Persönlichkeiten, die lediglich eine Aufgabe benötigen, für die sie sich mit all ihrer Kraft einsetzen können. Werden sie entsprechend gefordert, legt sich auch ihr Hang zur Unzufriedenheit, und sie sind zu außerordentlichen Leistungen fähig. Fast wie die Luft zum Atmen brauchen sie Herausforderungen, die sie zwingen, über sich selbst hinauszuwachsen. Ist dies der Fall, braucht man sich über ihr irritierbares Selbstwertgefühl keine Sorgen mehr zu machen, schließlich stellen sie sich jetzt selbst ständig ihre Fähigkeiten unter Beweis und können die Ignoranz ihrer Umgebung entsprechend gelassener nehmen.

Herausforderungen

Die meisten Menschen mit dieser Konstellation sind ausgesprochen warmherzig und spendabel. Das führt allerdings oft zu peinlichen Mißverständnissen, da ihre grundsätzliche Freundlichkeit von ihrem Gegenüber wesentlich persönlicher genommen wird, als sie gemeint ist. Das heißt nichts anderes, als daß viele schnell dem Irrglauben erliegen, daß der Löwemond ein mehr als nur freundschaftliches Interesse an ihnen hat. So wiegt sich mancher in der falschen Sicherheit, das Herz eines Sonne-Krebs-Löwe-Mond-Menschen für sich gewonnen zu haben, während dieser möglicherweise Probleme damit hat, sich auch nur an ihn zu erinnern. Glücklicherweise lernen die meisten im Laufe der Jahre ihre Wirkung auf ihre Umgebung angemessener einzuschätzen, so daß derartige, für beide Seiten peinliche Mißverständnisse seltener werden.

Überzeugungswille

Was sie sich allerdings nur in den seltensten Fällen abgewöhnen können, ist die Neigung, ihre Umgebung, insbesondere natürlich Menschen, die ihnen am Herzen liegen, von den Dingen überzeugen zu wollen, die sie für sich selbst als hilfreich und nützlich erkannt haben. Dabei ist es unerheblich, ob es sich um eine neue Nachtcreme, eine bestimmte Gesundheitskur oder eine spezielle Musik-CD handelt. Von dieser Neigung lassen sie auch nicht durch die recht häufige und natürlich enttäuschende Erfahrung ab, daß die meisten Menschen ihre persönlichen Vorlieben nur bedingt teilen.

Lebenshunger

Löwemond-Persönlichkeiten zeichnen sich durch einen besonderen Lebenshunger aus, dem sie nachgehen, wann immer sich eine Gelegenheit dazu bietet. So gibt es kaum etwas Menschliches, das ihnen fremd ist, und falls doch, streben sie nach einer Möglichkeit, es so schnell wie möglich auszuprobieren.

Charisma

Keine andere Mond-Konstellation bietet die Chance zu einem so ausgeprägten Charisma wie diese. Insbesondere Damen mit dem Mond im Löwen können eine Anziehungskraft auf das andere Geschlecht ausüben, die einer vernünftigen Erklärung nicht mehr zugänglich ist. Allen ist das Bedürfnis gemeinsam, von ihrem Umfeld anerkannt und respektiert zu werden, auch gegen ein wenig Bewunderung haben sie selten etwas einzuwenden. Kein anderes Tierkreiszeichen besitzt so viel natürliche Autorität wie dieses, und entwickelte Persönlichkeiten werden diesem Anspruch auch gerecht. Solange man sie nicht in Frage stellt, setzen sie sich mit allen ihnen zur Verfügung stehenden Mitteln für ihre Mitmenschen ein. Dies gilt besonders für Kinder.

Wenn Krebse mit dem Mond im Löwen es sich leisten können, sind sie die großzügigsten Gastgeber und freigebigsten Gönner, die man sich nur vorstellen kann.

Die größte Gefahr für Löwemond-Geborene ist ohne Zweifel ihre Eitelkeit und ihre Selbstbezogenheit. Im ungünstigsten Fall werden sie zu einem sich in Selbstliebe verzehrenden Narziß, der keinerlei emotionale Beziehungen zu seinen Mitmenschen pflegen kann. Aus Großzügigkeit wird Neid und Geiz, aus überschäumender Lebensfreude Verbitterung, aus Risikobereitschaft Selbstzerstörung. Kaum jemand kann und will sein ganzes Leben lang ausschließlich im Mittelpunkt stehen. So groß die Strahlkraft des einzelnen auch sein mag, es kommt doch der Tag, an dem andere den Platz einnehmen, den man für den eigenen hielt. So fällt es Löwemond-Geborenen besonders schwer, mit dem Nachlassen von Kräften und Fähigkeiten allgemein und dem Alter im besonderen zurechtzukommen. Das Tierkreiszeichen, das Vitalität, Lebendigkeit und Lebensfreude schlechthin repräsentiert, bringt keine Menschen hervor, die sich mit dem Schwinden ihrer Energie so ohne weiteres abfinden können.

Eitelkeit

Alter

Es ist eine triviale, aber schmerzhafte Erkenntnis, daß wir alle einmal Jüngeren und

Besseren Platz machen müssen. So ist es für Löwemond-Persönlichkeiten eine besondere Herausforderung, intensiv in der Gegenwart zu leben und gleichzeitig in Würde zu altern. Hier kann eine innere Reife entstehen, die ein noch größeres Feuer ausstrahlt, als es die Kraft der Jugend vermag.

Aufgaben

☽

Jungfraumond

Wenn Sie einen Krebs-Menschen kennenlernen, der Sie durch eine auffallend schlagfertige Reaktion auf eine besonders ungewöhnliche Situation beeindruckt, und dieser Ihnen anschließend erklärt, das Ganze wäre weiter keine Kunst, schließlich hätte er sich schon vor langer Zeit einen Plan zurechtgelegt, wie er in einer solchen Lage reagieren würde, dann kann es sich nur um einen Jungfraumond handeln (andernfalls steht der Mond im sechsten Haus). Diese Menschen besitzen eine unbegrenzte kreative Phantasie, was die Bewältigung aller möglichen und unmöglichen Herausforderungen des Lebens angeht, und sie verfügen über ein hervorragendes Gedächtnis. So sind denn auch Planspiele ihre große Leidenschaft, unabhängig davon, ob sie Monopoly spielen, alte Schlachten im Sandkasten nachstellen oder sich vor dem Einschlafen überlegen, wie sie ihren Chef von der längst überfälligen Gehaltserhöhung überzeugen können.

Phantasie

Manche Menschen haben jede Menge Ideen, wie sich die Probleme des Alltags besser bewältigen ließen. Andere verfügen über praktischen Verstand und Handlungsenergie. Sonne-Krebs-Mond-Jungfrau-Menschen besitzen beides. Ihr großer Vorteil ist dabei, daß sie ihre Möglichkeiten meist realistisch einschätzen. Sie neigen weder zu Größenwahn noch zu falscher Bescheidenheit. Und sie werden niemals versuchen, etwas durchzusetzen, von dem sie nicht zutiefst überzeugt sind, daß es einer guten Sache dient oder ihnen einfach zusteht. Viele hervorragende Händler und Spitzenverkäufer besitzen diese Konstellation. Die einzige Bedingung für ihren Erfolg ist, daß sie selbst von der Qualität des Produktes überzeugt sein müssen.

Realisten

Fast jeder kennt den beliebten Verkaufstrick, wenn ein Kunde unschlüssig ist. Der Verkäufer meint einfach: »Das Gerät ist das beste, ich habe es selbst zu Hause.« Die meisten Käufer lassen sich auf diese Weise überzeugen, unabhängig davon, ob der Verkäufer die Wahrheit gesagt hat oder nicht. Wenn Ihnen ein Jungfraumond-Geborener so etwas sagt, können Sie sicher sein: Es ist die Wahrheit. Und er wird Ihnen nicht nur auseinandersetzen, daß er dieses Gerät hat, sondern Ihnen aus dem Effeff sämtliche Vorteile gegenüber Konkurrenzprodukten auflisten können. Wenn Sie seiner Empfehlung folgen, wird er sich innerlich für Sie freuen, wenn Sie den Laden verlassen, und sich nicht etwa ins Fäustchen lachen, wie geschickt er mal wieder einen naiven Kunden übers Ohr gehauen hat. Menschen mit dieser Konstellation sind also »ehrliche Makler«, und wer einmal auf ihren Rat gehört hat und gut damit gefahren ist, wird sich gern bei der nächsten Gelegenheit wieder an sie wenden.

Wahrheitsliebe

Neben der häufig vorhandenen kaufmännischen Begabung kommen hier auch schriftstellerisches Talent sowie die Eignung für technische Berufe vor. Eine Reihe exzellenter Ingenieure und Architekten besitzen diese Konstellation.

Berufe

In Partnerschaften sind sie treu und zuverlässig, solange sie das Gefühl haben, sich auf ihr Gegenüber blind verlassen zu können. Allerdings ist ihr Sinn für das Praktische der Romantik nicht eben förderlich. Man sollte nicht den Fehler begehen und jedes gemeinsame Ausgehen als »Investition in die Beziehung« betrachten und Partner im Idealfall als »das beste Geschäft« ansehen, das man je gemacht hat. Kein Mensch mag es, wenn er wie eine Sache betrachtet wird, auch nicht, wenn es sich dabei um eine ausgesprochen gute Sache handelt.

Partnerschaft

Entwickelte Jungfraumond-Persönlichkeiten verfügen über eine außerordentliche emotionale Beweglichkeit und Reaktionsfähigkeit. Besonders Begabte sind hier zum Schriftsteller oder Schauspieler berufen, da niemand über eine genauere Beobachtungsgabe verfügt als sie. Die meisten Jungfraumond-Geborenen können Entwicklungen voraussehen und auf sie reagieren, bevor andere auch nur den Hauch einer Ahnung verspüren. Es gibt nicht viele, denen es gelingt, ihnen etwas vorzumachen. Keine andere Tierkreiszeichenposition des Mondes repräsentiert einen solch untrüglichen Sinn für das Machbare. Diese Persönlichkeiten verstehen es, aus jeder Situation das Beste herauszuholen. In Sachfragen, insbesondere natürlich in ihrem Spezialgebiet, sind sie oft so kompetent, daß ihre Meinung und ihr Rat auch von Gegnern ernstgenommen und respektiert werden. Was ihnen möglicherweise an Kreativität fehlt, machen sie durch Effektivität mehr als wett.

Anpassungsfähigkeit

Jungfraumond-Geborene besitzen die natürliche Fähigkeit, vorgegebene Situationen so gut wie möglich zu nutzen. Dabei besteht die Gefahr, sich mit unzumutbaren Umweltbedingungen zu arrangieren, ohne den Versuch zu unternehmen, diese zu verändern. Wer in einem Haus ohne Heizung lebt, sollte vielleicht nicht nur Yoga-Übungen machen, die ihn die Kälte leichter ertragen lassen, sondern sich einen Ofen besorgen oder einfach umziehen. Anpassungskünstler übersehen manchmal, daß es im Leben manchmal Umstände gibt, mit denen man sich besser nicht arrangieren sollte.

Herausforderung

Die größte Herausforderung für Jungfraumond-Geborene ist das Erlernen der Fähigkeit, offenherziger und verschwenderischer in ihrem Gefühlsausdruck zu werden. Denn schließlich lebt ihre Krebssonne von Gefühlen – solchen, die wir ausdrücken, und solchen, die wir empfinden. Hier kann schlimmstenfalls die Sparsamkeit des Jungfraumondes die eigene Lebensenergie drosseln. Allzuviel Sachlichkeit und praktischer Verstand machen auch Freundschaften und das Liebesleben zu einer eher trockenen Angelegenheit. Erst wenn wir gelernt haben, unseren Mitmenschen intensiv zu zeigen, was wir für sie empfinden, ist ein wirklich erfülltes Leben möglich. Es kann also den Menschen mit dieser Konstellation nicht schaden, ab und zu über ihren Schatten zu springen.

☽

Waagemond

Krebse brauchen Gesellschaft, und zwar in den eigenen vier Wänden. Wenn zusätzlich ihr Mond in der Waage steht, mögen sie Schwierigkeiten haben, auch nur einige Tage allein zu verbringen. So gern sie sich ihre Eigenständigkeit beweisen, sind sie doch letztendlich noch mehr von der Zustimmung anderer, insbesondere der des Partners, abhängig. Wer einen solchen Menschen fertigmachen will, muß ihn in seinem tiefverwurzelten Bedürfnis nach einer harmonischen und ästhetischen Umgebung frustrieren, und er wird völlig aus dem seelischen Gleichgewicht geraten. Die meisten Menschen mit dieser Konstellation sind hoch sensibel, und manchmal reicht es schon aus, sie beispielsweise wochenlang in einem nicht richtig eingerichteten Büro sitzen zu lassen, um sie ernsthaft in Schwierigkeiten zu bringen.

Abhängigkeit

Da sie jedoch phasenweise über ein außergewöhnliches Fingerspitzengefühl verfügen und auf andere Menschen offen und noch charmanter und diplomatischer als »normale« Krebse zugehen, kommen sie nur selten in eine Situation, in der ihnen jemand ernsthaft Schwierigkeiten bereiten möchte. Im Gegenteil: Wann immer es um Fragen des guten Geschmacks geht, hört man gern ihren Rat und richtet sich danach.

Beruf

Viele Menschen mit dieser Konstellation sind im weitesten Sinne des Wortes in künstlerischen Berufen tätig. Ob es sich dabei nun um die Tätigkeit eines Friseurs, einer Kosmetikerin, eines Modeschöpfers, einer Innenarchitektin oder eines Designers handelt, in all diesen Berufen spiegeln sich das Bedürfnis und die Fähigkeit wider, den Menschen und seine Umgebung schöner und ansprechender zu gestalten.

Partnerschaft

Kein Krebs ist in seiner Handlungsfähigkeit so von einer geeigneten Partnerschaft abhängig wie dieser. Wenn ein ansonsten pünktlicher Mensch mit blassem Gesicht zu spät zur Arbeit erscheint, wenn ein sonst freundlicher und aufmerksamer Mitarbeiter plötzlich mürrisch und in sich gekehrt ist: bei einem Waagemond können Sie darauf wetten, daß in jedem Fall Liebeskummer und Partnerschaftsprobleme dahinterstecken.

Insgesamt sind diese Menschen noch stimmungsabhängiger und launischer als andere Krebse. Ihr Gefühlskarussell bewegt sich scheinbar permanent von »himmelhoch jauchzend« zu »zum Tode betrübt«.

Waagemond-Menschen sind die »Beziehungsathleten« im Horoskop. Keine andere Mond-Konstellation ermöglicht eine solch ausgeprägte Fähigkeit, sich mit anderen auseinander- und zusammenzusetzen, wie diese. Es

Umwelt

gibt kaum etwas in der persönlichen Umgebung, das einem Waagemond-Geborenen entgehen könnte. Sobald eine Sache oder ein Umstand mit ihm und seiner Lebenssituation auch nur im entferntesten zu tun haben könnte, interessiert es ihn auch unabhängig davon, wie fremd oder ungewohnt dies sein mag. So lernte eine Klientin mit dieser Konstellation zum Beispiel die türkische Sprache, um sich mit ihrer neuen Nachbarin besser verständigen zu können.

Ihr außerordentliches Harmoniebedürfnis gibt Waagemond-Geborenen den Antrieb und die Fähigkeit, allem, was sie umgibt, insbesondere aber natürlich dem Partner, gerecht werden zu können. Sie wünschen sich aufrichtig, andere zu verstehen, so wie sie auch selbst angenommen und verstanden werden möchten. Es ist nicht einfach, mit einem entwickelten Waagemond-Geborenen Streit zu bekommen, da er in der Regel viel zu sehr versuchen wird, Verständnis für den Standpunkt des anderen aufzubringen. *Harmonie*

Die größte Gefahr liegt darin, daß diese Menschen ihre Fähigkeit, andere zu manipulieren, vervollkommnen, während die eigene Persönlichkeitsentwicklung auf der Strecke bleibt. Insbesondere Frauen können schnell dauerhaft Opfer ihrer erlernten Hilflosigkeit werden, zumal dies in unserer Gesellschaft ja auch noch unterstützt und gefördert wird. So gilt beispielsweise eine Frau, die selbständig einen Reifen wechseln kann, für viele immer noch als unweiblich. *Manipulation*

Waagemond-Geborene müssen lernen, ihre Wünsche auch unabhängig von anderen leben und ausleben zu können. Es fällt ihnen schwer, aufrichtig stolz auf ihre persönlichen Leistungen und Fähigkeiten zu sein, da sie dazu neigen, sich allzusehr über das Urteil anderer zu definieren. Echte Individualität kann nur erworben werden, wenn wir auch konfliktfähig sind, also einem Streit oder einer Auseinandersetzung nicht um jeden Preis aus dem Weg gehen. Wir müssen lernen, Stand- *Aufgaben* punkte zu vertreten, die von anderen nicht geteilt oder sogar bekämpft werden. Es ist hilfreich zu wissen, daß wir, je mehr wir auf diese Weise zu eigenständigen Persönlichkeiten werden, von den Menschen, die uns etwas bedeuten, nicht verlassen werden, sondern diese so noch mehr an uns binden. Wer gelernt hat, zu sich selbst zu stehen und sich von der Zustimmung anderer soweit wie möglich unabhängig zu machen, wirkt auf seine Mitmenschen wie ein Magnet auf Eisenfeilspäne.

☽

Skorpionmond

Existentielle Erfahrungen

Wer mit dieser Konstellation geboren wurde, mußte meist schon frühzeitig lernen, daß in diesem Leben nur das wirklich zählt, was man sich selbst unter Anstrengungen und Schwierigkeiten erarbeitet hat. Dabei ist es unerheblich, ob dieser Mensch vordergründig betrachtet eine sogenannte leichte oder schwere Kindheit hatte. In jedem Fall wurde er schon zu einem sehr frühen Zeitpunkt mit den letzten Dingen, insbesondere dem Tod, konfrontiert. Auch wenn die meisten diese Erfahrung bald so verdrängt haben, daß jede bewußte Erinnerung daran fehlt, so macht sie sie doch ernsthafter und nachdenklicher als andere. Gerade in der Kindheit werden sie von ihren Kameraden deshalb kaum verstanden, sie gelten oft als altklug, grüblerisch oder »miesepetrig«. Im Erwachsenenalter legt sich diese Tendenz etwas, doch was bleibt, ist eine instinktive Abneigung gegen alles Oberflächliche. Billige Vergnügungen sind ihnen ein Greuel, lieber lesen sie ein gutes Buch oder stürzen sich in ihre Arbeit. Das heißt nicht, daß sie etwas gegen Amüsement oder Unterhaltung hätten, nur legen sie hier eben ein wenig andere Maßstäbe an als die meisten Zeitgenossen.

Es ist nicht leicht, ihr Vertrauen zu gewinnen, denn einmal erlittene Verletzungen vergessen sie niemals. Selbst wenn sie sich an das konkrete Ereignis nicht erinnern können, die daraus entstandene Verletzung prägt ihr Empfinden und ihr Gefühlsleben. So tun sie sich in Freundschaften und Partnerschaften am Anfang ein wenig schwer. Dabei können sie durchaus auf andere zugehen und die Initiative ergreifen, aber sie bleiben vorsichtig und versuchen sich gegen jede Enttäuschung zu schützen. Wer jedoch einmal ihr Vertrauen gewonnen hat, kann mit uneingeschränkter Loyalität rechnen. Haben sie sich schließlich einmal auf jemanden eingelassen, würden sie sich im Sinne des Wortes für diesen Menschen totschlagen lassen, falls es notwendig sein sollte. Keinesfalls verlangen sie das gleiche Engagement von ihren Freunden und Partnern, wissen sie doch, daß diese vielleicht den guten Willen, aber nicht notwendigerweise die Charakterstärke für ein solches Ausmaß an Konsequenz besitzen.

Freundschaft

Wenn sie sich jedoch verraten fühlen, zögern sie nicht, Menschen, die ihnen gestern noch sehr nahestanden, von heute auf morgen aus ihrem Leben zu werfen. Sie sind nicht für halbe Sachen zu haben – schon gar nicht in Gefühlsdingen.

Partnerschaft

So sind sie etwa bereit, sich für ihre Partnerschaften bis an den Rand der Selbstaufgabe einzusetzen und in Krisen nichts unversucht zu lassen, um ihre Beziehung zu retten. Sobald sie jedoch erkennen, daß sie verraten wurden oder daß man ihr Vertrauen mißbraucht hat, können sie den anderen fallenlassen wie eine heiße Kartoffel. Vielleicht bricht es ihnen das Herz – denn ihre Härte und die scheinbare Gleichgültigkeit im äußeren Umgang sagen nichts darüber aus, was in ihrem Inneren vor sich geht –, doch werden sie lieber vor Kummer eingehen, als bei einem Menschen zu Kreuze zu kriechen, der ihre Gefühle verraten hat.

Konsequenz

Es gibt kein Mondzeichen, das über so viel Willensstärke und Konsequenz verfügt wie dieses; was man sich einmal vorgenommen hat, führt man auch gegen größte Widerstände durch. Die unerreichte Stärke der Skorpionmond-Geborenen ist Leidenschaft und Ausdauer. An allem, an das sie sich emotional gebunden haben, halten sie auch fest.

Dies gilt für ihr Liebesleben wie auch für Hobbys oder berufliche Ziele. In Ausdauer und Ehrgeiz sind sie nur noch mit den Steinbock-Geborenen vergleichbar. Doch gehen sie bei der Verwirklichung eines Ideals im Extremfall bis hin zur Selbstzerstörung. Franz Beckenbauer, Charlie Chaplin, Liz Taylor oder Henry Miller haben bei allen Unterschieden doch die unbeirrbare Konsequenz gemeinsam, mit der sie sich aus einfachsten Verhältnissen bis an die absolute Weltspitze emporgearbeitet haben.

Außerdem verfügen sie sehr oft über ein ausgezeichnetes Gedächtnis, und die Lernfähigkeit bleibt bei aktiven Persönlichkeiten das gesamte Leben erhalten. Sie vergessen ihre Gefühle niemals, vor allem nicht, wenn ihnen jemand aus einer Notlage geholfen hat. Derjenige kann sicher sein, daß Skorpionmond-Geborene keine Gelegenheit auslassen werden, um sich angemessen zu revanchieren.

Subjektive Wahrnehmung

Ihre außergewöhnliche Empfindungsfähigkeit läßt sie lediglich das zur Kenntnis nehmen, was sie auch wahrnehmen wollen. So können schwierige Zeiten besser überstanden werden. Unerfreuliches wird, wenn nötig, einfach ausgeblendet, als ob es nicht existierte.

Sie lassen sich weder auf Aufgaben noch auf Menschen allzu schnell und intensiv ein. Haben sie jedoch einmal wirklich Feuer gefangen, sind sie zu einer Leidenschaftlichkeit fähig, die keinerlei Kompromisse zuläßt.

Phänomenales Gedächtnis

Entwickelte Menschen mit dieser Konstellation verfügen oft über eine außerordentliche Gefühlstiefe, die sie in eine individuelle Symbolsprache übersetzen. Auf diese Weise erklärt sich auch ihr phänomenales Gedächtnis. Sie müssen sich nur daran erinnern, wie sie sich in einer bestimmten Situation gefühlt haben, schon fallen ihnen auch alle anderen Begleitumstände ein. Ihre Überzeugungen und Ideale strahlen sie mit einer Intensität aus, daß schwache Naturen aufpassen müssen, um sich nicht an ihr zu verbrennen. Ohne dogmatisch zu sein, sind sie doch in allen Gefühlsdingen klar und eindeutig. So weiß man immer, woran man bei ihnen ist.

Die Fähigkeit zur Eindeutigkeit ist sicherlich ausgesprochen beneidenswert. Leider birgt sie auch die Gefahr in sich, einseitig zu werden und stur an seinen Fehlern festzuhalten. Nichts ist gefährlicher für Skorpionmond-Geborene als Intoleranz und Selbstgerechtigkeit.

☽

Schützemond

Visionäre

Das sind die echten Visionäre unter den Krebs-Geborenen, und sie weigern sich standhaft, auch nur einen Gedanken daran zu verschwenden, daß es Probleme ohne eine Lösung geben könnte.

Zwar fehlt ihnen die Liebe zum Detail, doch dafür fällt es ihnen um so leichter, große Zusammenhänge zu erkennen, für die den anderen einfach der Blick fehlt. Selbst schwierigste Erfahrungen in der Vergangenheit können sie nicht davon abhalten, unerschütterlich an eine bessere Zukunft zu glauben, und sie tun im Rahmen ihrer Möglichkeiten alles, damit diese auch eintritt.

Häufig haben sie ein ausgeprägtes Interesse an philosophischen und religiösen Themen, solange sie einen praktischen Nutzen darin erkennen können, der sich im täglichen Leben auch umsetzen läßt. Rein theoretische oder abstrakte Überlegungen hingegen empfinden sie als nutzlos.

Ausland

Viele Menschen mit dieser Konstellation lieben Fernreisen oder haben sogar beruflich mit dem Ausland zu tun. Durch ihre selbst für Krebse ein wenig ungewöhnliche Toleranz haben sie keinerlei Probleme, mit Menschen unterschiedlichster Kulturkreise zurechtzukommen, solange ihr Gegenüber im Gegenzug bereit ist, sie ebenfalls so zu akzeptieren, wie sie nun einmal sind.

Selbstüberschätzung

Bedingt durch ihre außerordentliche Begeisterungsfähigkeit neigen sie dazu, manchmal sich selbst und ihre Möglichkeiten zu überschätzen. Sie vergessen dann einfach, daß der Tag nur 24 Stunden hat und sie unmöglich all die Versprechungen einlösen können, die sie in ihrer Begeisterung und voll des besten Willens gegeben haben. So wirken sie oft auf andere für eine Weile faszinierend, während sie am Ende dann als Aufschneider dastehen, auf dessen Wort kein Verlaß ist. Derartige Erfahrungen kränken sie tief – trotz aller positiven Weltsicht –, schließlich haben sie es wirklich gut gemeint und wollten doch nur helfen. Die größte Herausforderung ist für sie deshalb, sich mit den Begrenzungen der Alltagswirklichkeit abzufinden. Dies fällt ihnen um so schwerer, als sie voller Begeisterung von einer besseren Welt träumen, von der sie in ihren optimistischsten Momenten genau zu wissen glauben, wie diese innerhalb kürzester Zeit herbeizuführen sei.

Der größte Fehler, den man begehen kann, ist, sie als weltfremde Träumer abzutun. Denn wenn jemand die Kraft hat, eine gute, noch nie dagewesene Idee wirklich in die Tat umzusetzen, dann sie.

Freunde

Um in einem Bereich wirklich den Durchbruch zu schaffen, brauchen sie jedoch die Unterstützung ihres Freundes- und Bekanntenkreises. Nur wenn sie wissen, daß andere an sie glauben, sind sie auch in der Lage, Außergewöhnliches zu leisten, sei es im Beruf oder in irgendeinem anderen Lebensbereich.

Fehlt ihnen die Unterstützung durch den Partner und die soziale Umwelt, können Begeisterung und optimistische Weltsicht von einem Moment zum nächsten in tiefe Depressionen umschlagen. Ihre Gefühle sind immer groß, sei es nun Freude oder Verzweiflung; mit Halbheiten geben sie sich nicht ab – und bei ihren Emotionen schon gar nicht.

Doch so schnell, wie sie in das tiefe Loch völliger Niedergeschlagenheit fallen können, so unvermittelt krabbeln sie auch wieder heraus, ohne daß man ihnen auch nur eine Blessur anmerken würde. Schließlich zählt für sie die Vergangenheit (fast) nichts und die Zukunft alles.

Emotionen

Menschen mit einem sparsameren Seelenleben fühlen sich durch den Schützemond oft emotional überfordert – sie sind diesem Ausmaß schnell wechselnder intensivster Gefühle und Ideen einfach nicht gewachsen und fühlen sich manchmal regelrecht erschlagen. Das macht auch für Partner und Lebensgefährten den Umgang mit dem Schützemond gelegentlich ein wenig schwierig. Aber dessen Lebensmut ist ansteckend. Denn es ist faszinierend, wie er sich dem Leben trotz all seiner Schwierigkeiten mit so viel Begeisterung stellt.

☽

Steinbockmond

Konventionen

Krebse machen sich nicht viel aus gesellschaftlichen Konventionen, diejenigen mit einem Steinbockmond schon eher. Um genau zu sein: Ihnen sind öffentliche Anerkennung und Karriere außerordentlich wichtig. So ergeben sich Ehrgeiz und Zielstrebigkeit fast schon zwangsläufig. Langfristige Planung ist für sie etwas Selbstverständliches, und sie können einigermaßen geduldig warten, bis ihre Zeit gekommen ist. Viele Menschen mit dieser Konstellation nehmen langjährige Ausbildungen und umfangreiche Schulungen in Kauf, um einmal den gesellschaftlichen Status zu erreichen, den sie anstreben.

Auffällig häufig ist hier ein Interesse an gesellschaftlichen, politischen und sozialen Fragen vorhanden, so daß oft auch ein Beruf aus diesem Bereich gewählt wird. So haben zum Beispiel viele besonders fähige Juristen und Sozialarbeiter diese Konstellation.

Sparsamkeit

Sie sind die mit Abstand sparsamsten Vertreter ihres Zeichens, Verschwendung, gleich in welcher Form, ist ihnen ein Greuel. Lieber drehen sie jeden Pfennig dreimal um, bevor sie ihr Geld für unnötige Anschaffungen ausgeben. Ihre Mitmenschen werden unter ihrem besonders sorgfältigen Umgang mit den Finanzen jedoch nur in den seltensten Fällen zu leiden haben. Im Gegenteil: Fast immer besitzen sie einige Rücklagen, und sie sind stets bereit, einem Freund, der in wirtschaftlichen Schwierigkeiten steckt, auszuhelfen.

Fairneß

Eine ihrer herausragenden Eigenschaften ist ihr außergewöhnlicher Gerechtigkeitssinn. Von Fairneß halten sie sehr viel – so viel, daß sie auch bereit sind, für deren Durchsetzung persönliche Nachteile in Kauf zu nehmen. Einen Mangel an Konsequenz oder besonderen Egoismus wird ihnen deshalb kaum jemand vorwerfen können.

Nach außen wirken sie wie stabile, unkomplizierte und geradlinige Persönlichkeiten. Ihre oft vorhandene Unsicherheit in Gefühlsdingen merkt man ihnen schwerlich an.

Schließlich sind sie fast immer ordentlich, zuverlässig und systematisch. Das wird von ihrer Umgebung automatisch mit Selbstsicherheit gleichgesetzt. Außenstehende sind davon überzeugt, daß sie ihr Leben fest im Griff haben und immer genau wissen, wo es langgeht.

Ihr Leben ist so gut wie immer von einem geregelten Tagesablauf geprägt. Dabei scheinen sie alles Zufällige und Unkalkulierbare aus ihrem Umfeld verbannen zu wollen. Unordnung und die Unwägbarkeiten des Lebens machen ihnen manchmal regelrecht angst. Aus

Ordnung

diesem Grund halten sie hin und wieder auch an Entscheidungen fest, die mittlerweile längst ihre Grundlage verloren haben. Überspitzt formuliert, gleichen sie in solchen Situationen Menschen, die im strömenden Regen in den Garten gehen, um die Blumen zu gießen, weil sie sich das am Morgen vorgenommen haben.

Die herausragendste und wirklich einmalige Fähigkeit der Steinbockmond-Geborenen ist ihre unmittelbare seelische Ankopplung an gesellschaftliche Phänomene und Prozesse. So wird beispielsweise ein Boutiquebesitzer

Trendgespür

instinktiv wissen, welche Mode die Menschen im nächsten Sommer kaufen wollen, und sich entsprechend einrichten. Ein Buchhändler wird die kommenden Bestseller schon vor ihrem Durchbruch auf Lager haben – und so weiter.

Das persönliche Empfinden ist einfach sehr stark angekoppelt an das, was gesellschaftliche Norm ist oder bald sein wird. Auch der NS-Propagandaminister Goebbels hatte diese Konstellation. Auf der anderen Seite setzte Papst Johannes XXIII. Maßstäbe, was die Aussöhnung der Menschen im allgemeinen und die der christlichen Kirche im besonderen anging. Der ehemalige Schauspieler Karlheinz Böhm leistet Vorbildliches und Bewundernswertes mit seiner Aktion »Menschen für Menschen« gegen Hunger und Armut in Äthiopien. Hemingway und Fassbinder schufen in ihrem jeweiligen Œuvre Zeitporträts von ungeschönter Präzision. Keiner karikierte meines Erachtens das deutsche und vor allem das bayrische Spießertum treffender als Karl Valentin, während für mich der Maler Max Ernst in seinem Genre den genauesten Spiegel des Zeitgeistes unseres Jahrhunderts schuf. Diese sehr unterschiedlichen Beispiele wurden bewußt nebeneinandergesetzt: Allen gemeinsam ist die enge Verknüpfung mit gesellschaftlichen Prozessen. Niveau und Verwirklichungsbereich sind selbstverständlich sehr unterschiedlich.

Prominente Vertreter

Neben den Skorpionmond-Geborenen sind Steinbockmonde sicherlich die Menschen mit der größten Konsequenz und Ausdauer in der Verfolgung ihrer Ziele. Sie konzentrieren sich ausschließlich auf das Wesentliche und lassen sich durch nichts und niemanden von ihren Vorsätzen abbringen.

Ausdauer

Da sie in ihrem Gefühlsleben ja gleichzeitig »auf der Welle der Zeit« schwimmen, wird es allerdings nicht allzu häufig vorkommen, daß ihnen ernsthaft Steine in den Weg gelegt werden. Selbst eine Marianne Bachmeier kam ja mit einer verblüffend milden Strafe davon, nicht zuletzt wohl deshalb, weil sich der größte Teil der Nation mit ihrem Verhalten identifizieren konnte.

Blockaden

Drei Bereiche, die eng miteinander zusammenhängen, können die persönliche Entwicklung der Steinbockmond-Geborenen blockieren: die Angst vor Gefühlen und emotionaler Geborgenheit, die Hemmung, sich Konflikten und unschönen Auseinandersetzungen zu stellen, und die genau aus diesem Grund vorhandene Neigung, allzu intensiven persönlichen Beziehungen aus dem Weg zu gehen.

Herausforderung

Die großen Dinge des Lebens sind für sie kein Problem, die kleinen aber schon. So kann einer ein Firmenimperium aufbauen, ohne jemals gelernt zu haben, Mitarbeiter angemessen zu kritisieren und umgekehrt auf deren Kritik einzugehen. Ein anderer mag ein herausragender Wissenschaftler sein, ohne die Zeit zu finden, eine Familie zu gründen. Alles, was mit echten persönlichen zwischenmenschlichen Beziehungen zu tun hat, ist für sie die größte Herausforderung überhaupt. Sich auf Menschen einzulassen, ohne daß es klare Spielregeln und Bedienungsanweisungen gibt, verunsichert die Steinbockmond-Geborenen mehr als alles andere – und es verschafft ihnen die größte Befriedigung, wenn es ihnen doch gelingt, über ihren Schatten zu springen.

Auffällig ist ihr empfindsames Reagieren auf die Mondphasen. Das gilt insbesondere für den Vollmond, aber auch für Neumond. In diesen

Tagen sollten sie nach Möglichkeit Alkohol meiden und keine besonders schwierigen oder riskanten Dinge unternehmen.

☽

Wassermannmond

Krebse sind Individualisten, die, die den Mond im Wassermann stehen haben, um so mehr. So können diese ausgeprägten Persönlichkeiten niemanden kaltlassen – entweder man liebt und bewundert sie, oder man hält sie für verschrobene Sonderlinge.

Sprunghaftigkeit

In der Tat ist der Umgang mit ihnen nicht immer leicht: Dinge, die sie gestern noch begeistert haben, können ihnen heute völlig gleichgültig sein. Doch sprunghafte Stimmungswechsel und Einstellungsänderungen sind ihre Stärke und nur selten eine Schwäche. Denn immer sind sie auf der Suche nach dem Neuen, Außergewöhnlichen und Originellen. Alltägliches gibt es schließlich schon genug, und sie sind nicht auf dieser Welt, um sich mit Trivialitäten abzugeben. So haben denn auch viele Künstler und Lebenskünstler diese Konstellation. Da sie in hohem Maße von ihren Stimmungen abhängig sind und aus diesen auch ihre besondere Kreativität beziehen, können sich nur wenige an einen geregelten Tagesablauf gewöhnen. Das macht ihnen die Arbeit in einem normalen Beruf natürlich nicht leicht, und wann immer möglich, werden sie sich eine Tätigkeit wählen, die ihnen größtmöglichen Freiraum in der Gestaltung ihrer Arbeitszeit läßt. So wichtig ihnen ihr

Beruf

persönlicher Freiraum auch ist, so liegt den höherentwickelten Persönlichkeiten doch viel daran, sich diesen nicht auf Kosten anderer zu verschaffen. Sie möchten nicht nur einfach ihr »eigenes Ding« machen, sie sind auch fast immer bestrebt, mit ihren originellen Fähigkeiten die Welt oder doch zumindest ihre persönliche Umgebung ein wenig menschlicher, bunter und phantasievoller zu machen.

Komik

Oft besitzen Menschen mit einem Wassermannmond ein ausgesprochen komisches Talent, das ihr Publikum auf unterhaltsame Weise zum Nachdenken anregt. Sie verfügen über die natürliche Gabe, sich über eine Situation zu stellen, Angriffe und Kritik an sich abperlen zu lassen und so zu tun, als ob jemand ganz anderer gemeint wäre. In den meisten Fällen reicht das schon, um den Gegner ins Leere laufen zu lassen.

Aufgaben

Wer unter dieser Konstellation geboren wurde, für den ist nicht das Außergewöhnliche, sondern der Alltag eine echte Herausforderung – zum Beispiel Rechnungen pünktlich zu bezahlen oder den Garten in Ordnung zu halten.

Fischemond

Wenn Sie einen Krebs kennen, aus dem Sie auch nach langer Zeit und trotz ernsthaften Bemühens einfach nicht schlau werden, ist die Wahrscheinlichkeit hoch, daß sein Mond in den Fischen steht. Das ist auch weiter kein Wunder, schließlich ist es nicht leicht, einen

Menschen zu verstehen, der ein verträumter Romantiker und Schöngeist und dabei ein neugieriger Wissenschaftsfanatiker ist.

Die Stärke der Fischemond-Geborenen ist, daß sie – darin sind sie den Schützemond-Geborenen ähnlich – für so ziemlich alles und jeden Verständnis aufbringen können, allerdings ohne daß sie deshalb immer automatisch damit einverstanden wären. Da sie gleichzeitig auch gute Zuhörer sind, fühlt sich ihr Gegenüber verstanden und kann selbst Kritik akzeptieren, ohne sich verletzt zu fühlen.

Verständnis

Ihre größte Schwierigkeit im Umgang mit sich selbst ist hingegen, daß sie im Leben immer wieder Phasen durchlaufen, in denen sie beim besten Willen nicht wissen, was sie wollen – das aber mit aller Macht. In solchen Perioden sind sie ruhelos, grüblerisch und mit sich und der Welt zutiefst unzufrieden. Wann immer es möglich ist, sollten sie in solchen Zeiten eine kreative Pause einlegen und sich an einen Ort zurückziehen, wo sie ungestört ihren Gedanken nachhängen können. Je mehr es ihnen gelingt, abzuschalten und sich von dem Zwang, immer etwas tun zu müssen, zu befreien, um so schneller werden sie ihre innere Klarheit zurückgewinnen. Voller neuer Ideen und mit frischem Elan kehren sie dann wieder in die Alltagswelt zurück.

Überhaupt besitzen diese Menschen eine ganz außerordentliche Sensibilität in Verbindung mit einem scheinbar unerschöpflichen seelischen Energiereservoir. Mehr als andere neigen sie deshalb auch dazu, sich bis zur völligen Erschöpfung zu verausgaben. Schon al-

Sensibilität

lein aus diesem Grund sind regelmäßige Erholungsphasen und Rückzugsmöglichkeiten dringend notwendig.

Höherentwickelten Persönlichkeiten ist – trotz der durchaus häufig vorhandenen Heimatliebe – jede Form von Stammtischpatriotismus fremd. Kulturelle und soziale Unterschiede sind ihnen nicht so wichtig, auch wenn sie die damit verbundenen Probleme im praktischen Leben durchaus sehen. Für sie persönlich zählen jedoch ausschließlich der Charakter eines Menschen und nicht seine Herkunft oder sein Bildungsgrad.

Zu Menschen, die ihnen nicht liegen, suchen sie eine höfliche Distanz, aus der jeder ungestört seine eigenen Wege gehen kann. Offenem Streit oder aggressiven Auseinandersetzungen stellen sie sich nur, wenn sich dies überhaupt nicht vermeiden läßt. Das bedeutet mitnichten, daß sie feige wären, doch in der Regel sind sie einfach davon überzeugt, daß es produktivere Möglichkeiten gibt, Meinungsverschiedenheiten auszutragen, als sich zu bekämpfen.

Neben der außergewöhnlichen Phantasie und der so gut wie immer vorhandenen künstlerischen Begabung besitzen sie auch eine starke Intuition. Kaum jemand versteht es besser, zur richtigen Zeit am richtigen Ort zu sein, als sie.

Intuition

Die größte Schwierigkeit mit dieser Konstellation mag die Einsicht sein, daß es keinen anderen Sinn im Leben gibt außer dem, den wir ihm selbst geben. Da es für Fischemonde keine verbindlichen Vorgaben gibt, an denen sie sich orientieren und festhalten könnten,

müssen sie lernen, sich selbst die Welt zu »erschaffen«, in der sie leben wollen und können. Der Fischemond bietet die größte Chance zur Freiheit, aber er stellt auch die größte Herausforderung aller Mondzeichen dar.

Was kommt auf den Krebs zu?

Welcher Tag wofür geeignet ist

Ein wichtiger Bereich der Astrologie ist die Prognose, also die »Vorhersage« zukünftiger Ereignisse. Viele Astrologen machen keine Prognosen mehr, weil sie meinen, damit seriöser zu wirken und bei ihren Gegnern eher anerkannt zu werden. Ich habe allerdings den Verdacht, daß die meisten vor Zukunftsdeutungen zurückschrecken, weil sie es einfach nicht können. So versucht also mancher, aus der Not eine Tugend zu machen. Nützen tut dies niemandem. Kein Astrologiegegner läßt sich bekehren, weil manche Astrologen keine Prognosen mehr machen. Und wer die Dienste eines Astrologen beansprucht, möchte im allgemeinen doch etwas über seine Zukunft erfahren. Auch Meister der Astrologie geben zu, daß nicht jede Vorhersage exakt eintrifft. Das ist aber weder schlimm noch ein auf die Astrologie begrenztes Phänomen: Die Leistungen der modernen Meteorologie sind unbestritten, und dennoch kann es immer wieder passieren, daß man beispielsweise im Auto sitzt und den Wetterbericht hört, dem zufolge es besonders schön sein soll, während man die Scheibenwischer laufen läßt, weil es draußen in Strömen schüttet. Und es gibt viele Menschen, die gesund und munter sind, obwohl ihnen ein Arzt vor Jahren nur noch wenige Wochen Lebenserwartung prophezeit hat.

Prognose

Astrologen sind keine Wahrsager, und unfehlbar sind sie schon gar nicht. Diese Eigenschaften teilen sie mit den meisten anderen Menschen. Trotzdem ist die Bestimmung der Chancen und Risiken zukünftiger Ereignisse sinnvoll und nützlich. So mancher liebeskranke Jüngling würde viel darum geben, wenn er den Tag wüßte, an dem die Aussichten, bei seiner Angebeteten Gehör zu finden, am größten sind. Sicherlich würde er auch hinnehmen, daß er sich eventuell noch ein Weilchen gedulden muß. Um so mehr, wenn ihm bewußt ist, daß übereiltes Handeln alles verpatzen könnte oder seine Herzdame gar in die Arme eines anderen treibt.

Bestimmung der Chancen

Genau das kann die Astrologie leisten: zu bestimmen, wann Ihre Chancen, erfolgreich zu sein, besonders gut sind und wann man von etwas besser die Finger läßt. Dies ist sogar so einfach, daß man kein Experte sein muß, um günstige und kritische Tage zu bestimmen. Und so geht's:

Als erstes benötigen wir den Geburtstag des Menschen, für den wir die Prognose machen wollen. Nehmen wir als Beispieldatum den 10.4., das Geburtsjahr spielt keine Rolle.

Begegnungszeitraum

6 Monate nach dem Geburtstag finden Sie den Begegnungszeitraum. Das ist in unserem Beispiel der 10.10. plus/minus 5 Tage, also vom 5. bis zum 15.10. Dies ist die günstigste Zeit im Jahr, um jemanden kennenzulernen, sich mit anderen auszusöhnen oder einfach etwas mit den Menschen zu unternehmen, die einem am meisten bedeuten. Je mehr Sie sich in diesen Tagen auf andere statt auf sich selbst konzentrieren, um so mehr werden Sie von dieser Zeit profitieren. *Die für Sie persönlich günstigsten Zeiträume finden Sie 4 und 8 Monate nach dem Geburtstag.* In unserem Beispiel wären dies also der 10.8. und der 10.12. Auch hier gilt wie in allen anderen Fällen ein Zeitraum von plus/minus 5 Tagen. Alles, was Sie jetzt beginnen, hat größere Chancen als sonst, zu einem erfolgreichen Ergebnis zu gelangen. Passieren wird in diesen Phasen allerdings nur selten etwas Außergewöhnliches. Hier gilt das englische Sprichwort: »No news is good news« (Keine [schlechten] Nachrichten sind gute Nachrichten). Diese Konstellation wirkt sich genau umgekehrt aus wie die 3 und 9 Monate nach dem Geburtstag.

Persönlich günstiger Zeitraum

Schließlich sollen noch zwei Zeiträume genannt werden, die besonders für berufliche und geschäftliche Reisen geeignet sind. Sie eignen sich auch bevorzugt für Verhandlungen und Gespräche, Veränderungen in der Wohnung oder am Haus sowie für das Zusammentreffen mit Freunden oder Geschäftspartnern. Die Daten sind 2 und 10 Monate nach dem Geburtstag. In unserem Beispiel wären das der 10.6. und der 10.2.

Beruf und Reise

Da sich diese Daten jedes Jahr wiederholen, genügt es, sie einmal zu berechnen und zu notieren. Wenn Sie die hier gemachten Aussagen mit den Ereignissen in Ihrer persönlichen Vergangenheit überprüfen, werden Sie mit Sicherheit feststellen, daß sich so häufig treffende Übereinstimmungen ergeben, daß schon böser Wille oder Ignoranz notwendig sind, um hier noch von »reinem Zufall« sprechen zu können. Eine besonders kritische Zeit, in der Sie besser keine wichtigen Entscheidungen treffen und in der Sie nicht unnötig Riskantes unternehmen sollten, ist *3 Monate nach dem*

Kritische Zeit

Geburtstag. Da der April der 4. Monat im Jahr ist, rechnen wir einfach 4 + 3 und kommen so auf den 10.7. Die Zeit 5 Tage vor bis 5 Tage nach diesem Datum ist nun ein Zeitraum, während dessen besondere Vorsicht angebracht ist.

Die gleiche Konstellation gilt *9 Monate nach dem Geburtstag.* Bei unserem Beispieldatum wäre dies der 10.1., 4 + 9 = 13. Auch hier gilt wieder der Zeitraum plus/minus 5 Tage, somit der 5. bis 15.1.

Auf diese Weise haben Sie einfach und zuverlässig die beiden Zeiträume im Jahr bestimmt, in denen Sie besser nicht aktiv werden sollten, weil die Gefahr, Fehler zu machen, größer als sonst ist. Diese beiden Daten sind jedoch nicht durchweg problematisch, das gilt nur für das eigene Handeln und für Entscheidungen von großer Tragweite.

Positive Ereignisse

Dafür sind die Chancen, daß Ihnen Positives widerfährt, höher als sonst. Das mag wie ein Widerspruch klingen, ist es aber nicht: In den genannten Zeiträumen hat schon mancher eine Gehaltserhöhung bekommen, oder er erhielt einen wichtigen Brief, auf den er schon lange gewartet hatte. Möglicherweise schenkt Ihnen jemand etwas, oder Sie finden einen verlorengegangenen Gegenstand wieder. All dies sind jedoch Vorgänge, die Sie nicht direkt beeinflussen können. Man erlebt sie als glückliche Zufälle oder als das Ergebnis von Aktivitäten, die schon zurückliegen. Je offener Sie sind, je mehr Sie bereit sind, in diesen Tagen die Dinge einfach auf sich zukommen zu lassen, um so größer ist die Chance, daß aus Unglückstagen Glückstage werden.

Genauere Aussagen lassen sich treffen, wenn Sie berücksichtigen, daß die Konstellationen in den meisten Fällen am stärksten am berechneten Datum bis 2 Tage danach »wirken«. In unserem Beispiel wären das also der 10. bis 12. in den jeweiligen Monaten.

Glücks- und Unglückszahlen

Diese Aussagen lassen sich wiederum präzisieren, wenn Sie die im übernächsten Abschnitt beschriebenen persönlichen Glücks- und Unglückszahlen mit einbeziehen. Hierzu müssen Sie lediglich das Datum in eine ein- und eine zweistellige Zahl verwandeln. Greifen wir wieder auf unser Beispiel zurück und wählen den 10.10.1997. (Bei dieser Rechnung muß die Jahreszahl mit einbezogen werden.) Um zu einer ein- und einer zweistelligen Zahl zu gelangen, müssen Sie lediglich die Quersumme des Datums bilden, das heißt die einzelnen Ziffern addieren: 1 + 1 + 1 + 9 + 9 + 7 = 28; 2 + 8 = 10; 1 + 0 = 1. Der 10.10.1997 ergibt also zwei zweistellige und eine einstellige Zahl: 10, 28 und 1. Jetzt müssen Sie lediglich nachschauen, ob eine dieser Zahlen zu Ihren persönlichen Glücks- oder Unglücksdaten gehört. Da in unserem Beispiel der 10.10. der Stichtag des persönlichen Begegnungszeitraumes ist, ergeben sich folgende Deutungen:

- *Glückszahl:* deutlich erhöhte Wahrscheinlichkeit für positive zwischenmenschliche Kontakte und angenehme Erlebnisse im Partnerschaftsbereich;
- *Unglückszahl:* deutlich erhöhte Wahrscheinlichkeit für wichtige Erlebnisse im Begegnungsbereich, die jedoch nicht frei von Spannungen und Konflikten sein werden;

- *keine Zahl:* allgemein erhöhte Ereigniswahrscheinlichkeit im Begegnungsbereich, die jedoch nicht annähernd so groß ist wie die Auslösung durch Glücks- oder Unglückszahlen.

Wer es genau wissen möchte, berechnet die Zahlen für den gesamten Ereigniszeitraum.

Diese Technik ist sehr einfach. Überprüfen Sie einige Ereignisse der Vergangenheit, und machen Sie sich ein eigenes Bild von ihrer Treffsicherheit. Die besten Entsprechungen werden Sie bei der Übereinstimmung mit persönlichen Unglücks- oder Glückszahlen finden, die auf den Stichtag plus/minus zwei Tage fallen.

Was den Krebs im Lauf des Jahres erwartet

Vorhersage

Wohl jeder würde gern wissen, was die nächste Zukunft für ihn bereithält, erst recht, wenn er sich für Astrologie interessiert. Um eine allgemeine Übersicht zu erhalten, gibt es eine sehr einfache und effektive Methode: Merken Sie sich genau die Ereignisse am Tag vor Ihrem Geburtstag, am Geburtstag selbst und einen Tag nach dem Geburtstag. So, wie es Ihnen an diesen Tagen im kleinen geht, so verläuft im großen das darauffolgende Lebensjahr. Das heißt, der Tag vor dem Geburtstag entspricht dem ersten Jahresdrittel, der Geburtstag dem zweiten und der Tag nach dem Geburtstag dem dritten.

Ein Beispiel aus der Praxis: Ein junger Mann fiel bei Reparaturarbeiten an seinem Haus

Der Astronomus.

So bin ich ein Astronomus/
Erkenn zukünfftig Finsternuß/
An Sonn und Mond/durch das Gestirn
Darauß kan ich denn practiciern/
Ob künfftig komm ein fruchtbar jar
Oder Theuwrung und Kriegßgefahr/
Und sonst manicherley Kranckheit/
Milesius den anfang geit.

Astronomus: Bild von Jost Amman und Vers von Hans Sachs aus »Eygentl. Beschreibung Aller Stände auff Erden«, Frankfurt 1568 einen Tag vor seinem Geburtstag von einer Leiter und verstauchte sich ein Fußgelenk. Am Geburtstag mußte er gegen seine ursprüngliche Absicht arbeiten, da ein Kollege krank geworden war. Als er später heimkam, um mit seiner Frau endlich zu feiern, war er so überreizt, daß es zum Streit kam und der ganze Abend verdorben war. Am darauffolgenden Tag sorgte er dafür, daß er früher als sonst heim konnte. Er versöhnte sich mit seiner Frau, die beiden beschlossen spontan, den Abend nachzufeiern. Sie gingen aus und verstanden sich so gut wie schon lange nicht mehr. Der Streit war vergessen und begraben.

Beispiel

Zwei Monate später zog sich der junge Mann beim Skilaufen einen komplizierten Beinbruch zu, der ihn für sechs Monate arbeitsunfähig machte. Die ganze Zeit über war unklar, ob sein Bein wieder vollständig gesunden würde. Zusätzlich bedrückte ihn die Sorge um seinen Arbeitsplatz. Die erzwungene Untätigkeit und die Ungewißheit setzten ihm so zu, daß er phasenweise trank und das Verhältnis zu seiner Frau immer schlechter wurde. Im zweiten Jahresdrittel entlud sich die angespannte Situation in einem schlimmen Ehekrach. Nervlich am Ende und unter Alkoholeinfluß schlug er sogar seine Frau, was ihm sonst nie in den Sinn gekommen wäre. Noch am selben Abend zog diese zu einer Freundin. Der junge Mann verfiel jetzt kurzzeitig vollständig dem Alkohol. Er änderte seine Lebensweise jedoch radikal, als der Gips entfernt wurde und sich zeigte, daß sein Bein vollständig verheilt war. Er hatte nicht, wie befürchtet, seinen Arbeitsplatz verloren. Sofort stellte er seinen übermäßigen Alkoholkonsum ein. All dies gab ihm die Kraft, einzusehen, in welchem Maße er selbst zu der traurigen Entwicklung in seiner Ehe beigetragen hatte. Er bemühte sich darum, seine Frau zurückzugewinnen, was ihm auch schließlich gelang. Drei Monate vor seinem Geburtstag kam es zu einem ausgedehnten Treffen zwischen beiden, bei dem sie zum erstenmal offen über die Probleme in ihrer Ehe sprachen. Nach der Aussöhnung verstanden sich beide besser als je zuvor.

Zugegeben, nicht immer sind die Entsprechungen so offensichtlich wie in diesem Bilderbuchbeispiel. Aber glücklicherweise werden wir ja auch nicht jedes Lebensjahr von solch dramatischen Ereignissen gebeutelt. Wer sich die Mühe macht und die Ereignisse um vergangene Geburtstage mit denen der darauffolgenden Lebensjahre vergleicht, lernt schnell, diese Zusammenhänge zu sehen und zu verstehen. Mit ein wenig Kreativität können Sie dann auch Ihren letzten Geburtstag untersuchen und eine Prognose für das laufende Lebensjahr wagen. Wer es noch genauer wissen möchte, der sei auf den nachfolgenden Abschnitt verwiesen.

Zusammenhänge verstehen

Nur einen Fehler sollten Sie unbedingt vermeiden: Lassen Sie sich nicht ins Bockshorn jagen, Bangemachen gilt nicht. Verderben Sie sich nicht zukünftige Geburtstage durch die Angst vor jedem noch so kleinen Mißklang! Wer derartige Zusammenhänge zu ernsthaft und besorgt betrachtet, geht in die Falle lebensfeindlichen Aberglaubens. Das ist nicht der Sinn der Sache. Eine neugierig-humorvolle Herangehensweise ist hier sicherlich das beste Gegenmittel.

Aberglaube

Die persönlichen Glücks- und Unglückszahlen

Die Glückszahlen des Krebses sind die 2 und die 7. Das gilt auch für alle Zahlen, die auf die Ziffer 2 oder 7 enden, sowie deren Vielfache. Das heißt, für Krebs-Geborene sind zum Beispiel das 7., das 12., das 14., das 22., das 27. und das 35. Lebensjahr von entscheidender Bedeutung, meist im positiven Sinne.

Wer möchte, kann diese Entsprechungen auf die Tage eines Monats anwenden. Hier wären also etwa der 2., der 7. und der 21. besonders günstig. Von noch größerem Vorteil ist es, wenn ein solches Datum auf einen Montag fällt.

Günstige Tage

Eine weitere Steigerung ist möglich, wenn die Quersumme des untersuchten Datums ebenfalls 2 oder 7 beträgt. Die Quersumme finden wir, indem wir die Ziffern eines Datums einfach zusammenzählen. Beispiel: 7.1.1970 = 7 + 1 + 1 + 9 + 7 + 0 = 25. 2 + 5 = 7.

Natürlich läßt sich dieses Spiel auch anwenden auf Autonummern, Hausnummern oder die Zahlen, auf die man beim Roulette setzt. Allerdings kann man alles so übertreiben, daß aus einer guten Sache eine schlechte wird.

Unglückszahlen

Unglückszahlen des Krebses sind die 5 und die 9. Die Anwendungsregeln sind die gleichen wie bei den Glückszahlen. Auch hier sollte man Übertreibungen vermeiden. Nur ein ausgesprochen dummer Krebs läßt sich etwa den Partner seiner Träume durch die Lappen gehen, weil dieser etwa zum Zeitpunkt des Kennenlernens 29 Jahre alt ist.

Der aufmerksame Leser wird bemerkt haben, daß es Zahlen geben muß, die gleichzeitig Glücks- und Unglückszahlen sind, zum Beispiel 35 (5 × 7). Hier ist anzumerken, daß die Quersumme immer bedeutsamer ist als die letzte Ziffer. Die letzte Ziffer wiederum ist dominanter als die Vielfachen. Die 35 (letzte Ziffer 5) ist hier also eher negativ zu werten.

Ergänzungs- und Begegnungszahlen

Zu guter Letzt soll in diesem Zusammenhang noch die Ergänzungs- oder Begegnungszahl erwähnt werden. Diese ist beim Krebs die 8. Alle Daten, die auf 8 enden und/oder als Quersumme 8 ergeben, sind für Begegnungen und zwischenmenschliche Kontakte aller Art besonders geeignet.

Der Krebs und sein Umfeld

Der Krebs und die anderen

Die Beziehungen der Krebse zu ihrer Umwelt sind vielschichtig, interessant und schwer zu durchschauen: Einerseits ist jeder Krebs einmal anlehnungsbedürftig, sehnt sich nach Zuspruch und emotionaler Nähe. Andererseits neigt er dazu, sich gerade dann, wenn er Hilfe und Nestwärme am meisten bräuchte, zurückzuziehen und einzuigeln, um allein mit seinen Schwierigkeiten fertig zu werden. Bei manchen Gelegenheiten können Krebse mit Begeisterung in der Öffentlichkeit das große Wort führen und sich in den Mittelpunkt stellen, zu anderen Zeiten mag es ihnen schwerfallen, auch nur die eigenen vier Wände zu verlassen, weil sie gerade unter einer »Menschenallergie« leiden. Sie können besonders auf die Menschen, die sie am meisten mögen, manchmal grob und abweisend wirken, während andere, die sie nicht ausstehen können, von ihnen fasziniert sind.

Widersprüchliche Bedürfnisse

Sie sehen, die Beziehungen der Krebse zu ihren Mitmenschen sind alles andere als unkompliziert. Für ihre Umgebung sind sie nur schwer zu verstehen und zu durchschauen, denn Krebse funktionieren nach ihren eigenen Gesetzen.

Vermutlich ist die Wahrheit so schwer zu erkennen, weil sie so unglaublich einfach ist: Bei den Krebsen muß die »Chemie« stimmen, damit sie sich mit jemandem wohl fühlen können. Jemand muß ihnen sympathisch sein,

»Chemie«

nicht mehr und nicht weniger. Politische Ansichten, gesellschaftliche Herkunft und Status, all dies spielt für sie bei der Beurteilung eines Menschen keine Rolle. In dieser Hinsicht sind sie von einer ganz außergewöhnlichen Weltoffenheit und Liberalität, die ausnahmslos jedem eine Chance gibt. Auf der anderen Seite kann sich jemand um ihre Freundschaft bemühen, sosehr er mag, wenn er die Gefühle des Krebses nicht anspricht, wird alles vergebens sein. Dies ist nun einmal ihre Natur, gegen die sie noch nicht einmal ankönnten, wenn sie wollten. Sympathie heucheln oder »Small talk« sind für die meisten von ihnen eine Form von Selbstvergewaltigung, bei der es ihnen entsprechend schlechtgeht. Sich länger als einige Minuten verstellen zu müssen oder gar Gefühle vorzutäuschen, die sie nun einmal nicht haben, schlägt den meisten von ihnen im wahrsten Sinne des Wortes auf den Magen und macht sie regelrecht krank.

Außergewöhnliche Offenheit

So sind sie in zwischenmenschlichen Beziehungen von einer außergewöhnlichen Offenheit und Aufrichtigkeit, die ihre Mitmenschen in aller Regel gleichzeitig fasziniert und irritiert. Wenn man sie darauf anspricht, sind sie daher des öfteren gezwungen, unangenehme Wahrheiten auszusprechen, die ihr Gegenüber verletzen oder sogar schockieren können. Darüber sind sie alles andere als froh; und um solche peinlichen Situationen zu vermeiden, gehen sie bei der Auswahl ihrer Bekannten und Freunde sehr vorsichtig vor. Ein zweiter Grund für diese Zurückhaltung ist, daß sie nicht nein sagen können. Sie möchten niemanden zurückweisen und kränken, der nichts anderes »verbrochen« hat, als sie zu langweilen oder ihnen auf die Nerven zu gehen. So ergeben sich im Leben eines typischen Krebses immer wieder Bekanntschaften, die ihm nur die Zeit stehlen und ihm im Grunde seines Herzens eigentlich lästig sind. Dies erzeugt ein merkwürdiges Spannungsfeld zwischen seiner Wahrheitsliebe und seinem Bedürfnis, niemanden zu verletzen. Vermutlich ist das Aussprechen unangenehmer Wahrheiten für Krebse überhaupt das größte Problem im Umgang mit ihren Mitmenschen. So lassen sie lieber manche vielversprechenden Bekanntschaften einschlafen, als von ihrer Seite aus in einem klärenden Gespräch dem anderen den Kopf zu waschen. Das ist natürlich für alle Beteiligten manchmal sehr bedauerlich, wird doch wegen der Konfliktscheu des Krebses manche mögliche Freundschaft von vornherein verhindert.

Konfliktunfähigkeit

Die wenigen Menschen, die im Laufe ihres Lebens wirklich an sie herankommen, sind für Krebse dafür von einer kaum zu überschätzenden Bedeutung. Ihnen gegenüber sind sie uneingeschränkt loyal, und es gibt nicht viele Dinge, die sie um der Freundschaft willen nicht zu tun bereit wären. Die gleiche Loyalität verlangen sie allerdings auch von ihren Freunden. Hier wird eine besondere Facette der Krebse deutlich: Wenn sie sich verraten fühlen, sind sie zu einer unerbittlichen Konsequenz fähig, die selbst Skorpione harmlos wirken läßt. Wer einen Krebs hintergeht, dem nützt auch seine möglicherweise langjährige Freundschaft zu ihm nichts: Mit der gleichen Bedingungslosigkeit, wie der Krebs zu ihm

Unerbittliche Konsequenz

stand, wird er ihn auch aus seinem Leben hinauswerfen und ihm keine Möglichkeit zur Rückkehr geben. Glücklicherweise finden solche brachialen und natürlich auch für den Krebs sehr schmerzhaften Einschnitte nur selten statt. Schließlich ist seine Maxime: »Leben und leben lassen.«

Wie kann's der Krebs mit den übrigen Tierkreiszeichen?

Entgegen der allgemein verbreiteten Meinung gibt es keine bestimmten Tierkreiszeichen, die automatisch gut zusammenpassen, während sich andere überhaupt nicht verstehen. Dies liegt nicht nur daran, daß unser Sonnenzeichen nur *ein* Aspekt unter vielen in unserem Horoskop ist. Entscheidend ist ganz einfach der gute Wille zweier Menschen: Ein Liebespaar, das glücklich verliebt ist, wird sich kaum darum scheren, ob man aus astrologischer Sicht miteinander harmoniert oder nicht. Umgekehrt können Menschen Todfeinde sein, die der Theorie nach doch gut zusammenpassen müßten. Dennoch sind allgemeine Hinweise sinnvoll und nützlich, um feststellen zu können, wo Stolpersteine im Umgang miteinander liegen können und wo es besondere Chancen gibt.

♋ – ♈

Krebs – Widder

In den meisten Büchern über Tierkreiszeichen wird diese Verbindung als ausgesprochen ungünstig dargestellt. Die Erfahrungen des Au-

Intensive Partnerschaft

tors sind anders: Wer eine besonders intensive Partnerschaft sucht, ist hier bestens aufgehoben. Widder besitzen einen gewissen Hang zur Oberflächlichkeit, damit sie sich mit unangenehmen Dingen nicht auseinandersetzen müssen – diesen Zahn bekommen sie vom Krebs blitzartig gezogen. Im Gegenzug erhält der gelegentlich ein wenig hausbackene und wenig aktive Krebs vom Widder den nötigen Ansporn, um seinen Hang zum Selbstmitleid zu überwinden und mehr Lebensfreude zu entwickeln. Sexualität und Emotionalität können hier eine ideale Verbindung eingehen, so daß diese Konstellation besonders für leidenschaftliche Beziehungen geeignet ist.

Kommunikationsprobleme

Allerdings kommt es hier immer wieder zu Kommunikationsproblemen und Mißverständnissen. Die Chancen, in einem Streit tatsächlich Probleme zu lösen, sind deshalb meist eher schlecht. Im Idealfall gibt es hier gemeinsame Freunde, die vermittelnd helfen können, ohne sich unangemessen einzumischen.

♋ – ♉

Krebs – Stier

Ideale Ergänzung

Diese Zeichen ergänzen sich ideal. Das heißt nicht, daß es in einer solchen Beziehung keine Probleme geben könnte, genausowenig wie eher schwierige Tierkreiszeichen-Verbindungen zum Scheitern verurteilt sind. Wer sich ideal ergänzt, kann im Zweifelsfall auch »ideal« miteinander streiten, da beide die Motive des anderen besonders gut erkennen und damit eben auch kritisieren können. Verbindungen zwischen Tierkreiszeichen, die weniger gut miteinander harmonieren, bieten auch weniger gegenseitige Angriffsfläche, was Auseinandersetzungen seltener und weniger intensiv auftreten läßt.

Wenige Angriffsflächen

Krebse bieten emotionale Sicherheit und Geborgenheit, während sie mit den praktischen Seiten des Lebens oft weniger gut zurechtkommen. Stiere haben in der Regel keinerlei Schwierigkeiten, ihren Alltag (und den ihres Partners) zu bewältigen, während sie in Gefühlsdingen manchmal ein wenig schwerfällig sind. In diesem Sinne können sich beide Seiten hervorragend ergänzen: Der Krebs wird dem Stier von den Augen ablesen können, was dieser gerade braucht, um sich wohl zu fühlen, ohne daß dieser viel Worte machen müßte. Der Stier wiederum wird wenig Schwierigkeiten haben, für das Auto des Krebses eine geeignete Werkstatt zu finden und eine korrekte Reparatur zu veranlassen. Der Krebs ist in der Lage, dem Stier ein gemütliches und harmonisches Zuhause zu schaffen, während der Stier dafür sorgt, daß die Rechnungen pünktlich bezahlt werden.

Stärken und Schwächen

Eine solche Partnerschaft hat die besten Chancen, harmonisch zu verlaufen, wenn beide bereit sind, von den Stärken des anderen zu profitieren, und bei dessen Schwächen ein Auge zudrücken: Der Stier ist dem Krebs vielleicht manchmal ein wenig zu unsensibel, zu stur und zuwenig flexibel. Der Krebs ist für den Stier oft etwas zu weltfremd, zu verträumt und stimmungsabhängig. Aber schließlich ist niemand vollkommen, und die Gemeinsamkeiten überwiegen doch deutlich.

♋ – ♊

Krebs – Zwillinge

Krebse und Zwillinge leben in aller Regel in völlig verschiedenen Welten, so daß es nur selten zu einer besonderen gegenseitigen Anziehung kommt. Wo dies der Fall ist, werden mit Sicherheit andere Horoskopfaktoren als das Sonnenzeichen (wie zum Beispiel der Mond oder der Aszendent) der Auslöser sein.

Horoskopfaktoren

Krebse brauchen ein intensives Gefühlsleben, seelische Geborgenheit, sensibles Aufeinandereingehen und emotionale Beständigkeit. Der Zwilling braucht Abwechslung, Unterhaltung und möchte immer in Bewegung sein. Das macht es schwierig, einen gemeinsamen Nenner zu finden, schließlich kann keiner von beiden aus seiner Haut. In solchen Fällen können Partnerschaften nur gelingen, wenn beide Seiten bereit sind, viel Toleranz aufzubringen. Es kann notwendig sein, daß in der Freizeitgestaltung jeder seine eigenen Wege geht, einen eigenen Bekanntenkreis hat und Hobbys pflegt, mit denen der Partner nichts zu tun hat. Auch der getrennte Urlaub mag in manchen Fällen Spannungen vermeiden helfen, doch ist dies vor allem für den Krebs-Partner oft nicht leicht zu akzeptieren. Die große Unterschiedlichkeit der Persönlichkeiten hat jedoch auch ihre Vorteile, die Interessen liegen so weit auseinander, daß man nicht oft in Versuchung gerät, sich gegenseitig in die Quere zu kommen.

Unterschiede

Der Krebs kann dem Zwilling Schutz und Sicherheit, das Gefühl von Geborgenheit und einem Zuhause geben. Der Zwilling bietet geistige Anregung und Weltoffenheit. Wenn beide Seiten diese Chance nutzen, dann wird der Zwilling ein wenig »stabilisiert« und ruhiger, während der Krebs lernt, das Leben etwas mehr von der leichten Seite zu nehmen.

Chance

♋ – ♋

Krebs – Krebs

Bei allen Beziehungen, in denen beide Partner demselben Tierkreiszeichen angehören, ergeben sich die gleichen, nur scheinbar widersprüchlichen Regeln. Zum einen gilt natürlich das Sprichwort »Gleich und gleich gesellt sich gern«. Allerdings ist dies eher für freundschaftliche Verbindungen als unbedingt für Liebesbeziehungen gültig. Schließlich sucht man im Partner weniger den Spiegel seiner selbst als die Ergänzung. Sich selbst meint man ja mehr oder weniger zu kennen, aber das Gegenstück zum eigenen Charakter übt fast immer einen besonderen Reiz aus.

Freundschaft

Ähnlichkeit

Ähnlichkeiten im Wesen und im Verhalten sind sicherlich eine große Hilfe, um Mißverständnisse zu vermeiden, doch tragen sie nicht unbedingt zu einer Steigerung der gegenseitigen Toleranz bei. Menschen neigen in vielen Situationen dazu, für die eigenen Schwächen bei anderen weniger Verständnis aufzubringen als für Schwierigkeiten, mit denen sie selbst niemals zu kämpfen hatten. Der Logik nach sollte es anders sein, schließlich scheint es nicht vernünftig und ungerecht, dem Partner Unzulänglichkeiten vorzuwerfen, die man selbst besitzt. Doch niemand läßt sich gern den Spiegel vorhalten, wenn er darin gerade unvorteilhaft aussieht. Dies mag eine Erklärung sein. Ein weiterer Gesichtspunkt ist die Abneigung gegen Gewohnheiten, denen man selbst einmal gefrönt hat. Man denke nur an das Verhalten einiger ehemaliger Raucher, die um ein Vielfaches intoleranter gegenüber Nochrauchern sein können als so manche, die niemals eine Zigarette angerührt haben. Natürlich ist es jedoch immer auch eine Frage des Entwicklungsniveaus, inwieweit man die eigenen Schwächen anderen zum Vorwurf macht. Im günstigen Falle können zwei Krebse daher ein Team sein, das sich blind versteht und gemeinsam alle Herausforderungen des Lebens meistert.

Mangelnde Leidenschaft

Falls Aszendent oder Mond nichts anderes aussagen, sind solche Partnerschaften nur selten besonders leidenschaftlich. Der Nachteil mag sein, daß ekstatische Höhepunkte rar sind oder gar nicht vorkommen. Dafür bleiben ihnen jedoch auch in aller Regel die Abgründe krankhafter Eifersucht oder zermürbender Auseinandersetzungen erspart. Partnerschaften, die einige Jahre lang gutgegangen sind, haben mehr Aussichten als die Verbindungen anderer Tierkreiszeichen, auch auf Dauer bestehen zu können.

♋ – ♌

Krebs – Löwe

Krebse und Löwen verstehen sich sehr viel besser, als allgemein behauptet und geglaubt wird. Immerhin haben beide die gleichen Zei-

Sonne und Mond

chenherrscher, nämlich Sonne und Mond, nur mit unterschiedlicher Gewichtung. Beide vertreten *die* Gefühlszeichen überhaupt. Das ist die größte Stärke und natürlich auch die größte Schwäche einer solchen Beziehung: Solange die emotionale Seite zwischen beiden stimmt, wird es nichts geben, was sie auseinanderbringen könnte. Sind die Gefühle eines der beiden verletzt, entsteht ein ernstes Problem. Auch kleine Anlässe können dann zu heftigen Auseinandersetzungen führen, welche die Partnerschaft sogar grundsätzlich in Frage stellen. So sind Partnerschaften zwischen Krebsen und Löwen entweder kurze, leidenschaftliche Intermezzi, die mit einem heftigen Paukenschlag auseinandergehen, oder ausgesprochen stabile Beziehungen, in denen sich zwei Seelenverwandte gesucht und gefunden haben.

Keine Halbheiten

Halbheiten – insbesondere im Liebesleben – liegen weder dem Krebs noch dem Löwen. Das macht das Zusammensein vielleicht nicht einfacher, aber aufrichtiger und erfüllter. Ein gelangweiltes Nebeneinanderherleben kommt in solchen Beziehungen praktisch nie vor.

Team

Als Team können beide oft erstaunlich gut zusammenarbeiten, vor allem wenn es um kreative Tätigkeiten geht. In der Regel ist der Krebs derjenige, dem das Entwickeln der Ideen leichter fällt, während der Löwe eher der Macher ist, der dafür sorgt, daß sie auch verwirklicht werden. Natürlich kann sich in aller Regel der Löwe Dritten und der Öffentlichkeit gegenüber weitaus besser verkaufen als der Krebs. Gelegentlich wird er auch der Versuchung nicht widerstehen können, als sein persönliches Verdienst auszugeben, was in Wirklichkeit die Leistung beider ist. Insgeheim beneidet der Löwe den Krebs um seine schier grenzenlose schöpferische Phantasie, während der Krebs gern mit der gleichen Selbstverständlichkeit ins volle Leben greifen würde wie der Löwe.

Konfliktpotential

Hier liegt ein großes Konfliktpotential, aber natürlich auch die außergewöhnliche Chance, sich nahezu perfekt zu ergänzen. Es kommt darauf an, wie sehr beide bereit sind, über ihren Schatten zu springen und im Interesse der Beziehung und/oder der Zusammenarbeit ihre persönlichen Eitel- und Empfindlichkeiten zurückzustellen.

♋ – ♍

Krebs – Jungfrau

Harmonie

Krebse und Jungfrauen harmonieren gut miteinander. Es gibt wenig Reibungspunkte zwischen den Persönlichkeiten beider Zeichen, so daß die Voraussetzungen für ein friedliches Miteinander denkbar gut sind. Das mag für die berufliche Zusammenarbeit oder eine lockere Bekanntschaft ausreichen, für eine Beziehung sind sicherlich noch weitere Anknüpfungspunkte wünschenswert. Hier haben andere Horoskopfaktoren, wie etwa der Aszendent oder der Mond, eine große Bedeutung. Sie entscheiden darüber, ob es bei einer losen Bekanntschaft bleibt oder zu einer leidenschaftlichen Beziehung kommt. Für den Krebs wäre eine zusätzliche Fische-Betonung ideal, für die Jungfrau eine Steinbock-Komponente.

Reaktives Verhalten

Was einer glücklichen Partnerschaft am meisten im Wege steht, ist jedoch die Neigung beider Zeichen, eher auf den anderen zu reagieren, als selbst die Initiative zu ergreifen. Dies macht ja bereits ein etwas näheres Kennenlernen nicht ganz einfach, wenn nicht gerade gute Freunde ein Erbarmen haben und die beiden miteinander verkuppeln. Auch in einer Partnerschaft kann eine abwartende Grundhaltung beider Zeichen die Beziehung blockieren. Kaum etwas kommt so recht von der Stelle, und sowohl Krebs als auch Jungfrau laufen Gefahr, sich unerfüllt oder gar gelangweilt zu fühlen.

Gleichgültigkeit

Fehlt die Fähigkeit oder die innere Motivation, an dieser Situation etwas zu ändern, läuft sich die Beziehung schnell tot. Die gegenseitige Toleranz verwandelt sich dann in Gleichgültigkeit, und bevor die beiden es merken, geht jeder schon lange seiner eigenen Wege. Dachten sie gestern noch, einander blind zu verstehen, sind sie einander heute bereits völlig fremd geworden. In solchen Partnerschaften sind Streits und Auseinandersetzungen beziehungsfördernder als eine Scheinharmonie ohne echte gegenseitige Berührungspunkte.

♋ – ♎

Krebs – Waage

Faszination

Krebse und Waagen sind sich generell von ihrem Wesen her eher fremd. Doch das Fremde ist auch faszinierend und anziehend. Mit ein wenig gutem Willen können sich die beiden Partner hervorragend ergänzen, wenn erst einmal genügend Verständnis füreinander aufgebaut wurde.

Waagen unterliegen häufig dem Irrtum, sich den Krebsen gegenüber überlegen zu fühlen, da diese ihnen ein wenig verträumt und hausbacken vorkommen. Der Krebs wird Schwierigkeiten mit der Leichtblütigkeit der Waage haben, die er eher als Oberflächlichkeit empfindet. Während Waagen sehr viel Energie darauf verwenden, daß sie gut aussehen und auch ansonsten auf andere so vorteilhaft wie möglich wirken, neigen Krebse dazu, sich weniger um ihr äußeres Erscheinungsbild und die Meinung ihrer Umgebung zu kümmern. Ihnen liegt in der Regel am meisten an den inneren Werten eines Menschen, während die Waagen glauben, daß ohne ansprechende Verpackung sich auch niemand für den Inhalt interessiert. So gibt es also genügend Reiz- und Spannungsthemen zwischen beiden Seiten. Entweder sorgen sie dafür, daß den Partnern nie langweilig wird und sie unter Umständen sogar eine besonders leidenschaftliche Beziehung pflegen, oder sie führen zu einer baldigen Trennung.

Schwierigkeiten

Der Waage-Partner muß lernen, für eine erfolgreiche Partnerschaft seinen Hang zur Selbstgefälligkeit zu überwinden, um unnötige und belastende Auseinandersetzungen zu vermeiden. Krebse, die sich hier zu lange blenden ließen, ziehen sich manchmal enttäuscht und verbittert zurück. Sie fühlen sich hintergangen und betrogen. Haben ihre Gefühle erst einmal einen Knacks bekommen, wird es viel Geduld und Energie brauchen, um die Dinge wieder einigermaßen in Ordnung zu bringen.

Aufgaben

Schon aus diesem Grunde sollte der Waage-Partner nicht allzu dick auftragen und seinen Hang zur Flatterhaftigkeit kontrollieren.

Gegensätze

Waagen sind Luftzeichen, sie möchten die Dinge möglichst mit leichter Hand angehen. Alles soll unkompliziert und vor allem nicht anstrengend sein. Das ist dem Krebs kaum verständlich, hält er doch nur die tiefgründigen und ernsthaften Dinge im Leben für wirklich interessant und lohnenswert. Zwar kann er die angenehmeren Seiten des Lebens durchaus schätzen, aber er weiß auch, daß vor den Erfolg die Götter den Schweiß gesetzt haben. Die Waage wiederum meint, daß es im Leben schon von allein genug Probleme gibt und man deshalb jede Gelegenheit, sich zu vergnügen, auch nutzen sollte. Die Waage geht gern aus, der Krebs bleibt meist lieber daheim.

Kompromisse

Wenn beide fähig und willens sind, diese Klippen zu umschiffen und faire Kompromisse zu finden, die keinen von beiden zu kurz kommen lassen, können sich hier Ästhetik und Gefühl, Eleganz und Warmherzigkeit auf faszinierende Weise ergänzen. Der Weg zu einer tragfähigen Beziehung ist dabei nicht einfach. Doch ist er sicher der Mühe wert.

♋ – ♏

Krebs – Skorpion

Chancen

Die Chancen, miteinander gut auszukommen, sind hier sehr groß. Fast immer werden sich beide auf Anhieb verstehen.

Gemeinsam ist ihnen die eher gefühlsbetonte und tiefgründige Lebenseinstellung. Krebse wollen wie Skorpione den Menschen, seine Abgründe und seine starken Seiten verstehen können. Sie haben eine instinktive Abneigung gegen alles Oberflächliche. Wenn sie sich gemeinsam mit etwas beschäftigen, dann entweder richtig oder gar nicht. In geschäftlicher Zusammenarbeit kann dies ausgesprochen nützlich sein, denn was sie anpacken, das führen sie auch zu Ende. Vielleicht ist der Skorpion etwas ausdauernder und zuverlässiger, dafür hat der Krebs mehr Ideen und ist flexibler, wenn einmal umgedacht werden muß.

Zusammenarbeit

Aber auch in Liebesbeziehungen ist diese Konstellation außergewöhnlich erfolgversprechend. Dies gilt in besonderem Maße für Paare, die auch beruflich zusammenarbeiten oder gemeinsam sozial oder gesellschaftlich engagiert sind.

Wie bei der Krebs-Stier-Verbindung heißt dies nicht, daß es in einer solchen Beziehung keine Probleme geben könnte, genausowenig wie eher schwierige Tierkreiszeichen-Verbindungen zum Scheitern verurteilt sind. Wer sich ideal ergänzt, kann im Zweifelsfall auch »ideal« miteinander streiten, da beide die Motive des anderen besonders gut erkennen und damit eben auch kritisieren können. Verbindungen zwischen Tierkreiszeichen, die weniger gut miteinander harmonieren, bieten auch weniger gegenseitige Angriffsfläche, was Auseinandersetzungen seltener und weniger intensiv auftreten läßt.

Probleme

Eine solche Partnerschaft hat wie gesagt die besten Aussichten, erfolgreich zu verlaufen, wenn beide bereit sind, von den Stärken des anderen zu profitieren, aber bei den jeweiligen Schwächen ein Auge zuzudrücken: Der Skorpion ist dem Krebs vielleicht manchmal ein wenig zu dogmatisch, festgefahren und rechthaberisch. Der Krebs ist für den Skorpion oft ein wenig zu weltfremd, verträumt sowie stimmungsabhängig. Aber schließlich ist niemand vollkommen, und die Gemeinsamkeiten zwischen diesen beiden Wasserzeichen überwiegen doch deutlich.

Gegensätze

♋ – ♐

Krebs – Schütze

Diese Tierkreiszeichen sind so verschieden, daß man fast glauben könnte, sie kämen von verschiedenen Planeten. Dennoch sind die Chancen für eine Partnerschaft nicht aussichtslos: Zum einen können andere Horoskopfaktoren, insbesondere Aszendent und Mond, einen Ausgleich schaffen, zum anderen kann Wesensfremdheit in günstigen Fällen das Interesse am anderen fördern.

Schützen sind Idealisten, sie weigern sich, daran zu glauben, daß es nicht für jedes Problem eine friedliche und einvernehmliche Lösung gibt. Sie sind davon überzeugt, daß alles nur eine Frage des guten Willens und der Toleranz ist. Diesen Gedanken findet der Krebs sehr sympathisch, wenn auch ein wenig zu optimistisch. Was beide Zeichen miteinander verbindet, ist jedoch ihr Glaube an die Toleranz und ihre gemeinsame Abneigung gegen alles Kleinkarierte. In Partnerschaften besteht trotzdem oder gerade deswegen die größte

Gemeinsamkeiten

Herausforderung im Erlernen gegenseitiger Toleranz. Der Schütze muß andere Menschen überzeugen und begeistern dürfen, um sich in seiner Haut wirklich wohl zu fühlen. Der Krebs findet ein solches Verhalten ein wenig übertrieben, um es vorsichtig zu formulieren, und fremde Leute hat er auch nicht allzugern in seiner Wohnung.

Eigensinn

So unterschiedlich diese beiden Tierkreiszeichen sein mögen, gemeinsam ist ihnen ihr Eigensinn, ihre Starrköpfigkeit und ihre Abneigung, vor dem Partner Fehler zuzugeben. Außenstehende mögen sich kopfschüttelnd fragen, wie ein solches Paar es immer wieder fertigbringt, selbst über Nebensächlichkeiten stundenlang zu debattieren, um dann endlich einen Kompromiß zu finden, der beiden recht gibt und keinen das Gesicht verlieren läßt.

Geschäftsbeziehungen

In Freundschaften und Geschäftsbeziehungen kommt die Motivation, die schwierige Anfangsphase meistern zu wollen, tatsächlich häufig aus der bewußten oder unbewußten Einsicht, daß sich dies für beide Seiten früher oder später in jedem Fall lohnen wird. In Liebesbeziehungen ist es oft eine außergewöhnlich starke, eigentümliche und sehr persönliche erotische Anziehung, welche die großen Temperamentsunterschiede zwischen diesen beiden Tierkreiszeichen vergessen läßt und so vielen Auseinandersetzungen die Spitze nimmt. Verbindungen, die diese Phase heil überstehen, haben gelernt, den anderen so zu nehmen, wie er ist, und die völlig unterschiedliche Persönlichkeit des Partners als Bereicherung und nicht als Manko aufzufassen.

Liebe

♋ – ♑

Krebs – Steinbock

Ideale Verbindung

Wenn zwei Tierkreiszeichen wie füreinander geschaffen sind, dann diese. Der Steinbock als disziplinierter Kopfmensch sehnt sich nach einem hingebungsvollen und gefühlsbetonten Partner. Der Krebs wünscht sich ein zuverlässiges Gegenüber, das den alltäglichen Herausforderungen entschlossen entgegentritt und so einen Halt in der Brandung des Lebens gibt.

Beide glauben fest daran, daß die wahre Liebe alle Hindernisse überwindet. Und für diese Konstellation ist das auch bestimmt richtig. Mag sein, daß ihre Freunde und Bekannten über die beiden nur ungläubig den Kopf schütteln und sich fragen, was zwei so unterschiedliche Menschen aneinander finden können, der eine nüchtern und sachlich, der andere kreativ und emotional. Doch gilt für die beiden das Sprichwort »Gegensätze ziehen sich an« in uneingeschränktem Maße. Sie passen tatsächlich zusammen wie der Schlüssel und das Schloß. So nimmt es auch nicht wunder, daß hier die Liebe auf den ersten Blick öfter vorkommt als bei anderen Tierkreiszeichen-Verbindungen. Man kann sogar sagen, daß sich solche Paare entweder auf Anhieb hervorragend verstehen oder gar nicht. Zwar kann es aus verschiedenen Gründen eine Weile dauern, bis die beiden endgültig zueinanderfinden, doch ist die Entscheidung in Wahrheit schon beim ersten Zusammentreffen gefallen.

Echte Partnerschaften zwischen diesen Zeichen sind so gut wie immer ausgesprochen leidenschaftlich. Dies schließt natürlich auch die unangenehmen Aspekte des Lebens wie Auseinandersetzungen, Streit und Eifersucht mit ein. Doch das gefährdet die Partnerschaft keineswegs, vielmehr intensiviert es die Gefühle füreinander noch.

Leidenschaft

Am besten verstehen sich die beiden, wenn sie miteinander allein sind. Nur selten wird sich der Freundeskreis des Krebs-Partners mit dem des Steinbocks verstehen und umgekehrt, dafür sind die beiden – aus der Sicht Außenstehender – einfach zu verschieden. Doch das ist weiter kein Problem, da sie sowieso ihre gemeinsame Zeit so intensiv wie möglich nutzen möchten, und da wären Dritte nur störend.

Freundeskreis

Über die Jahre hinweg schafft sich dieses Paar gemeinsam einen neuen Freundeskreis, doch ist es für eine harmonische Partnerschaft zwischen diesen beiden Tierkreiszeichen auch wichtig, daß keiner der beiden seine alten Bekanntschaften aufgibt. Das verhindert, daß sich die zwei zu sehr aufeinander fixieren. Auf diese Weise kann eine Beziehung noch nach vielen Jahren genauso intensiv und temperamentvoll wie am Anfang sein.

♋ – ♒

Krebs – Wassermann

In den meisten Astrologiebüchern wird diese Verbindung als sehr problematisch und hoffnungslos zum Scheitern verurteilt angesehen. Glücklicherweise ist die Sache halb so wild. Denn beide Zeichen können sich unter bestimmten Voraussetzungen hervorragend ergänzen, auch wenn ihre Temperamente kaum unterschiedlicher sein könnten. Der Wassermann mag zum voreiligen Handeln neigen, während der Krebs vielleicht allzu vorsichtig oder gar zögerlich an die Dinge herangeht. Doch können beide viel voneinander lernen: Der Krebs kann dem Wassermann vermitteln, wie man sich selbst und seinen emotionalen Bedürfnissen am besten gerecht wird.

Ergänzung

Der Wassermann hingegen kann dem Krebs ein Vorbild sein, wenn es darum geht, sich von den Schatten der Vergangenheit zu lösen und voller Energie einen Neuanfang zu wagen. Er kann zeigen, wie man intuitiv unerwartete Probleme meistert, denen der Krebs wie gelähmt und voller Angst gegenüberstünde. Auch in persönlichen Auseinandersetzungen kann der Krebs vom Wassermann lernen, kann sich dieser doch nur beleidigt zurückziehen oder seinen Kummer in sich hineinfressen, wenn sich jemand über die Spielregeln des guten Benehmens einfach hinwegsetzt und sich ihm gegenüber verletzend verhält. Der Wassermann hätte den anderen bereits mit einer schnippischen Bemerkung der allgemeinen Lächerlichkeit preisgegeben, während der

Vorbild

Krebs noch darüber nachsinnt, wie er seine Wunden lecken soll.

Liebe und Erotik

In Liebesbeziehungen ist es oft eine außergewöhnlich starke erotische Anziehung, welche die großen Temperamentsunterschiede vergessen läßt und vielen Auseinandersetzungen die Spitze nimmt. Verbindungen, die diese Phase heil überstehen, haben gelernt, den anderen so zu nehmen, wie er ist, und die völlig unterschiedliche Persönlichkeit des Partners als Bereicherung aufzufassen. Bei Themen hingegen, in denen die Persönlichkeits- und Temperamentsunterschiede unüberbrückbar sind, läßt man sich gegenseitig so viel Freiraum, daß keiner den anderen behindert.

Krebs-Wassermann-Verbindungen sind keine Partnerschaften, die so ohne weiteres auf Anhieb problemlos »funktionieren«. Dafür sind sie für die gegenseitige Persönlichkeitsentwicklung um so nützlicher.

♋ – ♓

Krebs – Fische

Interessante Verbindung

Diese Verbindung ist eine der interessantesten und erfolgversprechendsten zwischen zwei Tierkreiszeichen. Krebs und Fische sind verschieden genug, um sich nicht zu behindern, und einander doch so ähnlich, daß sie hervorragend zusammenpassen.

Die wenigen Krebs-Geborenen, die probieren, einen Fisch herumzukommandieren, geben diesen zum Scheitern verurteilten Versuch sehr schnell wieder auf. Fische lassen sich von jedem Vorschriften machen – nur um sie auf der Stelle zu vergessen. Wenn es ein Tierkreiszeichen gibt, das gegen autoritäres Auftreten und Sturheit bei anderen immun ist, dann ist es das des Fisches.

Faszination

Krebse halten in Partnerschaften nichts von raffinierten Manipulationen – was einer nicht freiwillig tut, soll er eben lassen. Was Fische an einem Krebs fasziniert, ist seine Wahrheitsliebe und sein Mitgefühl. Fische sind es gewohnt, mit charmanten Lügen umzugehen, sie wissen, wie man sich Menschen entzieht, die einem Schuldgefühle machen wollen, und sie können sich gegen Erpressungen zur Wehr setzen. Wenn einer aufrichtig und mit offenem Herzen sagt, was er denkt und will, sind sie erst einmal sprach- und anschließend wehrlos. Nicht umsonst spricht man hier von entwaffnender Offenheit. Viele Fische sind von dieser Charaktereigenschaft des Krebses so fasziniert, daß die bereits ausreicht, um sich in ihn zu verlieben.

Wertschätzung

Der Krebs schätzt am Fisch wiederum das Undurchschaubare und Geheimnisvolle. Für ihn ist der Fisch wie ein spannendes Rätsel in einer ansonsten grauen und langweiligen Alltagswelt. Der Krebs bewundert die Fähigkeit des Fisches, sich gesellschaftlichen Konventionen zu entziehen und verletzende Bemerkungen durch andere einfach zu ignorieren. So verbinden diese Charaktere schon zwei Dinge: die Abneigung gegen jede Form von Anpassung und Unterdrückung und der Mut, auch gegen äußeren Widerstand seinen eigenen Weg zu gehen.

Was sonst noch zum Krebs paßt

In diesem Kapitel sind Entsprechungen des Krebs-Prinzips – sogenannte Analogien – zusammengestellt. Darunter versteht man in diesem Zusammenhang Ähnlichkeiten und Verwandtschaften, die sich einem Tierkreiszeichen zuordnen lassen, ohne daß sie ursächlich, also kausal, miteinander in Verbindung stehen.

Analogien

Wie können diese Analogien praktisch genutzt werden? Wenn Sie selbst ein Krebs sind und die positiven Eigenschaften Ihres Tierkreiszeichens fördern und betonen wollen, können Sie unter den folgenden aufgeführten Entsprechungen diejenigen aussuchen, die

Ihnen besonders zusagen, und in Ihr Leben einbeziehen.

So können Sie zum Beispiel bevorzugt Kleidung in den Farben tragen, die Ihrem Tierkreiszeichen entsprechen. Sie können das Essen mit Gewürzen abstimmen, in Ihren Garten die Pflanzen setzen, an Orte in den Urlaub fahren, die Hobbys oder Berufe wählen, die zu Ihrem Tierkreiszeichen passen, und so weiter. Obwohl es sich hier nur um eine allgemeine Typologie handelt, werden Sie bald erstaunliche Wirkungen feststellen: Sie werden immer mehr Sie selbst und entwickeln ein immer genaueres Gespür dafür, was zu Ihnen paßt, was Ihnen guttut und was Sie eher meiden sollten. Ihre Gesundheit und Ihr seelisches Gleichgewicht werden davon profitieren.

Selbstfindung

Wenn Sie einen Krebs kennen und schätzen, kann Ihnen diese Liste zum Beispiel bei der Suche nach einem passenden Geschenk helfen. Wenn Ihr Kind ein Krebs ist, können Sie hier Anregungen für den passenden Sportverein finden und so fort. Der kreativen Phantasie sind dabei kaum Grenzen gesetzt.

Geschenke

Farben: Silber, »Milchweiß«, Grün (die Farbe der Vegetation).
Geruch: mild, wäßrig, Meeresgeruch, milchig.
Geschmack: Salzgeschmack, mild, milchig.
Signatur (Form und Gestalt): weich, abgerundet, wenig Konturen, bauchig, schwammig, aufnehmend, fruchtbar, wuchernd, wechselhaft.
Pflanzen allgemein: meist wasserreiche, zartfarbene Pflanzen, schattiger Standort, oft in Symbiose lebend: Kresse, Wasserrose, Schilf, Kürbis, Melone.

Bäume, Sträucher: Linde, Ölbaum, Birnbaum, Pflaumenbaum, Heckenrose.
Gemüse, Obst: Salate, Gurke, Zucchini, Tomate, Spinat, Pilze, Kürbis, Melone, Pflaume, Birne, Reineclaude.
Blumen: Seerose, Heckenröschen, Tulpe, Veilchen, Vergißmeinnicht.
Gewürze: Vanille, Salz, Beifuß, Majoran.
Heilpflanzen: Brombeere, wilder Majoran, Frauenmantel, Taubnessel, Küchenschelle. *Heilpflanzen*
Tiere: Tiere, die gern mit dem Menschen zusammenleben und die anhänglich, friedlich und schutzbedürftig sind (Haustiere); pflanzenfressend, sich häufig vermehrend (Kaninchen, Hasen, Enten, Hamster, Meerschweinchen; Katzen); Wassertiere (Biber, Fischotter, Frösche, Seehunde, Robben, Muscheln, Austern, Krebse, Seesterne); Weichtiere (Würmer, Schnecken).
Materialien: alle Flüssigkeiten; Keramik, Porzellan.
Mineralien, Metalle: Silber, Perlmutt, Steinsalz; alle weißlichen und grünen Mineralien und Steine (Perlen, Mondstein [Selenit], Bergkristall, Opal, Smaragd, Beryll).
Landschaften: vegetationsreiche Gebiete mit Teichen und Seen, Küstengebiete, Ufer, das Meer, Flüsse, Quellen, Regenwälder, Flachland, Höhlen, Waldlichtungen.
Berufe: alle Berufe, die helfenden oder mütterlichen Charakter haben; Berufe, die Phantasie erfordern, die nicht gleichförmig im Tagesablauf sind und die einen Entfaltungsspielraum bieten; Berufe, die mit Reisen verbunden sind, aber die regelmäßige Rückkehr nach Hause ermöglichen; Kundenbetreuung *Berufe*

und allgemein betreuende Berufe; Berufe, die soziale Anerkennung bieten, unselbständige Berufe mit einer familiären Arbeitsatmosphäre, wichtig: die innere Beteiligung an der Aufgabe; künstlerische Berufe; soziale Hilfsberufe (Krankenschwester, Pfleger, Kindergärtnerin, Hebamme, Kindermädchen; Hausangestellte [sogenannte weibliche Berufe]; Familienfürsorgerin; Erholungs- und Erziehungsheime). Berufe im Vertrieb von Nahrung und Flüssigkeiten (Lebensmittelhandel, Hotelgewerbe, Gastwirtschaft, Tankstellen); Berufe in den Bereichen Kultur und Kunstgeschichte, Völkerkunde, Geschichte, Kunsterziehung; Seemann, Fischer; Gärtner, Förster, Landwirt.

Hobbys

Hobbys, Sportarten: Handarbeiten, Kochen, Andenkensammeln, Zimmerpflanzen, Malen, Modellieren; Segeln.

Verkehrsmittel: Schiff, Boot/Kahn.

Wohnstil: gemütlich, gern ein bißchen Plüsch, ein Garten, viele Zimmerpflanzen, viele Erinnerungsgegenstände und Familienfotos.

Wochentag: Montag (Tag des Mondes).

Gesellschaftsform: der Familienverband, die Großfamilie; Gesellschaften die matriarchalisch orientiert sind.

Entsprechungen auf der Ebene des menschlichen Körpers: Magen, Brust, Schleimhäute, Eierstöcke, Gebärmutter, Gehirnmasse; allgemein der Flüssigkeitshaushalt.

Krankheiten allgemein: Störungen im Magen-Darm-Trakt (Verdauung), Störungen im Flüssigkeitshaushalt (Ödeme), Reizungen der Schleimhäute.

Zahlen: die 2 und die 7 sowie ihre Vielfachen.

Ein typisches Krebs-Märchen: Spindel, Weberschiffchen und Nadel

Es war einmal ein Mädchen, dem starben Vater und Mutter, als es noch ein kleines Kind war. Am Ende des Dorfes wohnte in einem Häuschen ganz allein seine Pate, die sich von Spinnen, Weben und Nähen ernährte. Die Alte nahm das verlassene Kind zu sich, hielt es zur Arbeit an und erzog es in aller Frömmigkeit. Als das Mädchen fünfzehn Jahre alt war, erkrankte sie, rief das Kind an ihr Bett und sagte: »Liebe Tochter, ich fühle, daß mein Ende herannaht, ich hinterlasse dir das Häuschen, darin bist du vor Wind und Wetter geschützt, dazu Spindel, Weberschiffchen und Nadel, damit kannst du dir dein Brot verdienen.« Sie legte noch die Hände auf seinen Kopf, segnete es und sprach: »Behalt nur Gott in dem Herzen, so wird dir's wohlgehen.« Darauf schloß sie die Augen, und als sie zur Erde bestattet wurde, ging das Mädchen bitterlich weinend hinter dem Sarg und erwies ihr die letzte Ehre.

Das Mädchen lebte nun in dem kleinen Haus ganz allein, war fleißig, spann, webte und nähte, und auf allem, was es tat, ruhte der Segen der guten Alten. Es war, als ob sich der Flachs in der Kammer von selbst mehrte, und wenn sie ein Stück Tuch oder einen Teppich gewebt oder ein Hemd genäht hatte, so fand sie gleich einen Käufer, der es reichlich bezahlte, so daß sie keine Not empfand und andern noch etwas mitteilen konnte.

Um diese Zeit zog der Sohn des Königs im Land umher und wollte sich eine Braut suchen. Eine arme sollte er nicht wählen, und eine reiche wollte er nicht. Da sprach er: »Die soll meine Frau werden, die zugleich die ärmste und die reichste ist.« Als er in das Dorf kam, wo das Mädchen lebte, fragte er, wie er es überall tat, wer in dem Ort die reichste und ärmste wäre. Sie nannten ihm die reichste zuerst; die ärmste, sagten sie, wäre das Mädchen, das in dem kleinen Haus ganz am Ende wohnte. Die Reiche saß vor der Haustür in vollem Putz, und als der Königssohn sich näherte, stand sie auf, ging ihm entgegen und neigte sich vor ihm. Er sah sie an, sprach kein Wort und ritt weiter. Als er zu dem Haus der Armen kam, stand das Mädchen nicht an der Türe, sondern saß in seinem Stübchen. Er hielt das Pferd an und sah durch das Fenster, durch das die helle Sonne schien, das Mädchen an dem Spinnrad sitzen und emsig spinnen. Es blickte auf, und als es bemerkte, daß der Königssohn hereinschaute, ward es über und über rot, schlug die Augen nieder und spann weiter; ob der Faden diesmal ganz gleich ward, weiß ich nicht, aber es spann so lange, bis der Königssohn wieder weggeritten war. Dann trat es ans Fenster, öffnete es und sagte: »Es ist so heiß in der Stube«, aber es blickte ihm nach, solange es noch die weißen Federn an seinem Hut erkennen konnte.

Das Mädchen setzte sich wieder in seine Stube zur Arbeit und spann weiter. Da kam ihm ein Spruch in den Sinn, den die Alte manchmal gesagt hatte, wenn es bei der Arbeit saß, und es sang so vor sich hin:

»Spindel, Spindel, geh du aus,
bring den Freier in mein Haus.«

Was geschah? Die Spindel sprang ihm augenblicklich aus der Hand und zur Türe hinaus; und als es vor Verwunderung aufstand und ihr nachblickte, so sah es, daß sie lustig in das Feld hineintanzte und einen glänzenden goldenen Faden hinter sich herzog. Nicht lange, so war sie ihm aus den Augen entschwunden. Das Mädchen, da es keine Spindel mehr hatte, nahm das Weberschiffchen in die Hand, setzte sich an den Webstuhl und fing an zu weben.

Die Spindel aber tanzte immer weiter, und eben, als der Faden zu Ende war, hatte sie den Königssohn erreicht. »Was sehe ich?« rief er. »Die Spindel will mir wohl den Weg zeigen?«, drehte sein Pferd um und ritt an dem goldenen Faden zurück.

Das Mädchen aber saß an seiner Arbeit und sang:

»Schiffchen, Schiffchen, webe fein,
führ den Freier mir herein.«

Alsbald sprang ihr das Schiffchen aus der Hand und sprang zur Türe hinaus. Vor der Türschwelle aber fing es an, einen Teppich zu weben, schöner, als man je einen gesehen hat. Auf beiden Seiten blühten Rosen und Lilien, und in der Mitte auf goldenem Grund stiegen grüne Ranken herauf, darin sprangen

Hasen und Kaninchen; Hirsche und Rehe streckten die Köpfe dazwischen; oben in den Zweigen saßen bunte Vögel; es fehlte nichts, als daß sie gesungen hätten. Das Schiffchen sprang hin und her, und es war, als wüchse alles von selber.

Weil das Schiffchen fortgelaufen war, hatte sich das Mädchen zum Nähen hingesetzt; es hielt die Nadel in der Hand und sang:

»Nadel, Nadel, spitz und fein,
mach das Haus dem Freier rein.«

Da sprang ihr die Nadel aus den Fingern und flog in der Stube hin und her, so schnell wie der Blitz. Es war nicht anders, als wenn unsichtbare Geister arbeiteten, alsbald überzogen sich Tisch und Bänke mit grünem Tuch, die Stühle mit Sammet, und an den Fenstern hingen seidene Vorhänge herab. Kaum hatte die Nadel den letzten Stich getan, so sah das Mädchen schon durch das Fenster die weißen Federn von dem Hut des Königssohns, den die Spindel an dem goldenen Faden herbeigeholt hatte. Er stieg ab, schritt über den Teppich in das Haus herein, und als er in die Stube trat, stand das Mädchen da in seinem ärmlichen Kleid, aber es glühte darin wie eine Rose im Busch.

»Du bist die Ärmste und auch die Reichste«, sprach er zu ihr, »komm mit mir, du sollst meine Braut sein.« Sie schwieg, aber sie reichte ihm die Hand. Da gab er ihr einen Kuß, führte sie hinaus, hob sie auf sein Pferd und brachte sie in das königliche Schloß, wo die Hochzeit mit großer Freude gefeiert ward. Spindel, Weberschiffchen und Nadel wurden in der Schatzkammer verwahrt und in großen Ehren gehalten.

Aus: *Kinder- und Hausmärchen.* Gesammelt durch die Brüder Grimm. Marburg 1922.

Das kleine Mädchen in diesem Märchen verliert Vater und Mutter, und es wäre ganz und gar verlassen, würde sich nicht seine Pate, eine freundliche Alte, seiner annehmen. Doch diese alte Frau ist zauberkundig, und sie hinterläßt ihrem Schützling ein Erbe, das, wie sich herausstellen wird, mehr zählt als Geld und Gut. Ihr Segen und damit alle wohlmeinenden Gefühle und der Schutz der Alten ruhen auf allem, was das Mädchen tut.

Doch auch der Königssohn erweist sich als ein Mensch, dem Gefühle wichtiger sind (Krebs) als höflich-korrektes Verhalten und schöne Kleidung (Die Reiche saß vor der Haustür in vollem Putz …«), die eher dem gegenüberliegenden Zeichen Steinbock entsprechen. Er sieht die Reiche nur an und reitet schweigend wieder fort.

Dann kommt er zu dem Haus des armen Mädchens, und dort sieht er »durch das Fenster, durch das die helle Sonne schien, das Mädchen am Spinnrad sitzen …«. Die Sonnenstrahlen, die in das Haus des Mädchens leuchten, sind das Symbol seiner tiefen Innerlichkeit und seiner schönen Seele, die sich so dem Königssohn mitteilt. Nun wirken auch noch die hilfreichen Zauberkünste der Alten: Das Mädchen erinnert sich eines Spruchs, den die Pate manchmal gesagt hatte, und Spindel, Weberschiffchen und Nadel bringen den Königssohn ins Haus.

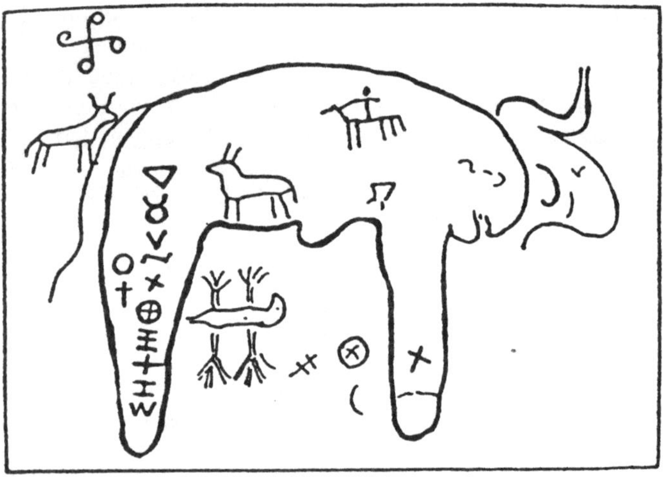

Die älteste bekannte Darstellung der Tierkreiszeichen (ca. 10 000 v. Chr.).
Aus: L. Frobenius, H. Obermaier: Hadschra Maktouba (Kurt Wolf-Verlag, München).

Anhang

Von wann bis wann ist man ein Krebs?

Beginn des Krebs-Zeichens

21.06.1920 um 18:40; 22.06.1921 um 00:35;
22.06.1922 um 06.27; 22.06.1923 um 12:02;
21.06.1924 um 17:59; 21.06.1925 um 23:50;
22.06.1926 um 05:30, 22.06.1927 um 11:22;
21.06.1928 um 17:06; 21.06.1929 um 23:00;
22.06.1930 um 04:53; 22.06.1931 um 10:28;
21.06.1932 um 16:22; 21.06.1933 um 22:12;
22.06.1934 um 03:48; 22.06.1935 um 09:38;
21.06.1936 um 15:21; 21.06.1937 um 21:12;
22.06.1938 um 03:03; 22.06.1939 um 08:39;
21.06.1940 um 14:36; 21.06.1941 um 20:33;
22.06.1942 um 02:16; 22.06.1943 um 08:12;
21.06.1944 um 14:02; 21.06.1945 um 19:52;
22.06.1946 um 01:44; 22.06.1947 um 07:19;
21.06.1948 um 13:10; 21.06.1949 um 19:03;
22.06.1950 um 00:36; 22.06.1951 um 06:25;
21.06.1952 um 12:12; 21.06.1953 um 18:00;
21.06.1954 um 23:54; 22.06.1955 um 05:31;
21.06.1956 um 11:23; 21.06.1957 um 17:20;
21.06.1958 um 22:57; 22.06.1959 um 04:50;
21.06.1960 um 10:42; 21.06.1961 um 16:30;
21.06.1962 um 22:24; 22.06.1963 um 04:04;
21.06.1964 um 09:57; 21.06.1965 um 15:56;
21.06.1966 um 21:33; 22.06.1967 um 03:23;
21.06.1968 um 09:13; 21.06.1969 um 14:55;
21.06.1970 um 20:43; 22.06.1971 um 02:19;
21.06.1972 um 08:06; 21.06.1973 um 14:01;
21.06.1974 um 19:37; 22.06.1975 um 01:26;
21.06.1976 um 07:24; 21.06.1977 um 13:14;

21.06.1978 um 19:09; 22.06.1979 um 00:56;
21.06.1980 um 06:47; 21.06.1981 um 12:45;
21.06.1982 um 18:23; 22.06.1983 um 00:08;
21.06.1984 um 06:02; 21.06.1985 um 11:44;
21.06.1986 um 17:30; 21.06.1987 um 23:11;
21.06.1988 um 04:56; 21.06.1989 um 10:53;
21.06.1990 um 16:33; 21.06.1991 um 22:19;
21.06.1992 um 04:14; 21.06.1993 um 10:00;
21.06.1994 um 15:47; 21.06.1995 um 21:34;
21.06.1996 um 03:24; 21.06.1997 um 09:20;
21.06.1998 um 15:03; 21.06.1999 um 20:49;
21.06.2000 um 02.48; 21.06.2001 um 08:38;
21.06.2002 um 14:24; 21.06.2003 um 20:10;
21.06.2004 um 01:57; 21.06.2005 um 07:46;
21.06.2006 um 13:26; 21.06.2007 um 19:06;
21.06.2008 um 00:59; 21.06.2009 um 06:45;
21.06.2010 um 12:28; 21.06.2011 um 18:16.
Alle Zeitangaben in mitteleuropäischer Zeit.

Ende des Krebs-Zeichens

23.07.1920 um 05:35; 23.07.1921 um 11:30;
23.07.1922 um 17:20; 23.07.1923 um 23:00;
23.07.1924 um 04:58; 23.07.1925 um 10:45;
23.07.1926 um 16:25; 23.07.1927 um 22:17;
23.07.1928 um 04:02; 23.07.1929 um 09:53;
23.07.1930 um 15:42; 23.07.1931 um 21:21;
23.07.1932 um 03:18; 23.07.1933 um 09:05;
23.07.1934 um 14:42; 23.07.1935 um 20:33;
23.07.1936 um 02:18; 23.07.1937 um 08:07;
23.07.1938 um 13:57; 23.07.1939 um 19:37;
23.07.1940 um 01:34; 23.07.1941 um 07:26;
23.07.1942 um 13:07; 23.07.1943 um 19:04;
23.07.1944 um 00:56; 23.07.1945 um 06:45;
23.07.1946 um 12:37; 23.07.1947 um 18:14;
23.07.1948 um 00:08; 23.07.1949 um 05:57;
23.07.1950 um 11:30; 23.07.1951 um 17:21;

22.07.1952 um 23:08; 23.07.1953 um 04:52;
23.07.1954 um 10:45; 23.07.1955 um 16:25;
22.07.1956 um 22:20; 23.07.1957 um 04:15;
23.07.1958 um 09:51; 23.07.1959 um 15:46:
22.07.1960 um 21:38; 23.07.1961 um 03:24;
23.07.1962 um 09:18; 23.07.1963 um 14:59;
22.07.1964 um 20:53; 23.07.1965 um 02:48;
23.07.1966 um 08:23; 23.07.1967 um 14:16;
22.07.1968 um 20:07; 23.07.1969 um 01:48;
23.07.1970 um 07:37; 23.07.1971 um 13:15;
22.07.1972 um 19:03; 23.07.1973 um 00:56;
23.07.1974 um 06:30; 23.07.1975 um 12:22;
22.07.1976 um 18:19; 23.07.1977 um 00:04;
23.07.1978 um 06:00; 23.07.1979 um 11:49;
22.07.1980 um 17:42; 22.07.1981 um 23:40;
23.07.1982 um 05:16; 23.07.1983 um 11:04;
22.07.1984 um 16:58; 22.07.1985 um 22:37;
23.07.1986 um 04:25; 23.07.1987 um 10:06;
22.07.1988 um 15:51; 22.07.1989 um 21:46;
23.07.1990 um 03:22; 23.07.1991 um 09:11;
22.07.1992 um 15:09; 22.07.1993 um 20:51;
23.07.1994 um 02:41; 23.07.1995 um 08:30;
22.07.1996 um 14:19; 22.07.1997 um 20:16;
23.07.1998 um 01:56; 23.07.1999 um 07:44;
22.07.2000 um 13:43; 22.07.2001 um 19:27;
23.07.2002 um 01:15; 23.07.2003 um 07:04;
22.07.2004 um 12:50; 22.07.2005 um 18:41;
23.07.2006 um 00:18; 23.07.2007 um 06:00;
22.07.2008 um 11:55; 22.07.2009 um 17:36;
22.07.2010 um 23:21; 23.07.2011 um 05:12.
Alle Zeitangaben in mitteleuropäischer Zeit.

Lesebeispiel:

»21.06.2008 um 00:59«. Das heißt, am 21.06. 2008 tritt die Sonne um 00:59 Uhr in das Tierkreiszeichen Krebs. Wer nach 00:59 Uhr geboren wird, ist also bereits ein Krebs, wer vor dieser Zeit zur Welt kommt, noch ein Zwilling.

Die Bestimmung des Mondzeichens

Die einfache Anwendung der Mond-Tabelle

1. Suchen Sie zuerst die Spalte mit Ihrem *Geburtstag.*
2. Suchen Sie die Zeile, in der sich das *Geburtsjahr* befindet.
3. Lesen Sie das Mondzeichen ab.
4. Steht hinter der gesuchten Jahreszahl in Klammern eine Uhrzeit, kann sich der Mond statt im angegebenen Zeichen auch im vorhergehenden befinden. Also statt im Widder auch in den Fischen, statt im Stier auch im Widder und so weiter.
5. Lesen Sie die Texte zu beiden Mondzeichen, um herauszufinden, welches besser auf Sie zutrifft.

Genaue Bestimmung des Mondzeichens

1. Suchen Sie zuerst die Spalte, in der Ihr Geburtstag steht.
2. Wählen Sie die Zeile, in welcher der Jahrgang steht.
3. Ist Ihr Jahrgang nicht dabei, versuchen Sie Ihr Glück in der folgenden Spalte Ihres Geburtsdatums.
4. Da der Mond auch innerhalb eines Tages das Tierkreiszeichen wechseln kann, steht hinter manchen Jahreszahlen in Klammern eine Uhrzeit. Diese gibt in mitteleuropäischer Zeit an, um wieviel Uhr der Mond in

das am Ende der Zeile angegebene Zeichen wechselt. Wurden Sie vor der betreffenden Uhrzeit geboren, steht Ihr Mond nicht im aufgeführten Tierkreiszeichen, sondern in dem vorhergehenden. Wenn Sie die Symbole der Tierkreiszeichen nicht kennen, schauen Sie einfach auf Seite 15 nach.

5. Falls Sie an einem Tag geboren wurden, an dem der Mond das Tierkreiszeichen wechselt und Ihre Geburtszeit weniger als eine Stunde von der Uhrzeit des Zeichenwechsels abweicht, sollten Sie in der Tabelle »Sommerzeiten« nachschauen, ob an Ihrem Geburtstag Sommerzeit war. Bei »normaler« Sommerzeit müssen Sie eine Stunde von Ihrer Geburtszeit abziehen, um die MEZ (mitteleuropäische Zeit) zu erhalten. Bei doppelter Sommerzeit, die es nur 1945 gab, müssen zwei Stunden abgezogen werden, ebenso bei der Hochsommerzeit 1947.
6. Wenn Sie Ihre Geburtszeit nicht kennen, lesen Sie entweder unter beiden Mondzeichen nach und versuchen herauszufinden, welcher Text besser auf Sie zutrifft, oder Sie wenden sich schriftlich (mit frankiertem Rückumschlag) an das Standesamt Ihres Geburtsorts. Hier bekommen Sie in aller Regel umgehend Ihre genaue Geburtszeit mitgeteilt.

Falls Ihnen das alles zu kompliziert vorkommt: Es ist sehr viel leichter, als es im ersten Moment scheint. Zur Veranschaulichung ein paar praktische Beispiele.

Nehmen wir an, wir wollen wissen, welches Mondzeichen ein Mensch hat, der am 05.07.1956 geboren wurde.

Suchen Sie das fettgedruckte Datum 05.07. Gehen Sie in dieser Rubrik nach unten zu dem Jahrgang 1956. In derselben Zeile finden Sie das Symbol für das Tierkreiszeichen Zwillinge. Die Uhrzeit (03.26 Uhr) bedeutet, daß um diese Zeit der Mond in das Tierkreiszeichen Zwillinge wechselte. Wer vor dieser Uhrzeit geboren wurde, hatte also noch einen Stiermond.

Sommerzeiten

14.03.1921 23 h – 26.10.21 0 h MEZ franz. Zone
25.03.1922 23 h – 08.10.22 0 h MEZ franz. Zone
26.05.1923 23 h – 07.10.23 0 h MEZ franz. Zone
29.03.1924 23 h – 05.10.24 0 h MEZ franz. Zone
04.04.1925 23 h – 04.10.25 0 h MEZ franz. Zone
17.04.1926 23 h – 03.10.26 0 h MEZ franz. Zone
09.04.1927 23 h MEZ statt GMT franz. Zone
01.04.1940 2 h – 02.11.42 3 h MES*
01.01.1941 0 h – 02.11.42 3 h MES
01.01.1942 2 h – 02.11.42 3 h MES
29.03.1943 2 h – 04.10.43 3 h MES
03.04.1944 2 h – 02.10.44 3 h MES
02.04.1945 2 h – 16.09.45 2 h MES
(1945: doppelte Sommerzeit vom 24.05. bis 24.09., im sowjetisch besetzten Teil Deutschlands einschließlich West-Berlins bis 18.11. Sommerzeit)
14.04.1946 2 h – 07.10.46 3 h MES
06.04.1947 3 h – 11.05.47 3 h MES
11.05.1947 3 h – 29.06.47 3 h MES + 1
(1947: Vorstellung gegen MEZ: 2 Stunden [Hochsommerzeit])
29.06.1947 3 h – 05.10.47 3 h MES
18.04.1948 2 h – 03.10.48 3 h MES
10.04.1949 2 h – 02.10.49 3 h MES
06.04.1980 2 h – 28.09.80 3 h MES

29.03.1981 2 h – 27.09.81 3 h MES
28.03.1982 2 h – 26.09.82 3 h MES
27.03.1983 2 h – 25.09.83 3 h MES
25.03.1984 2 h – 30.09.84 3 h MES
31.03.1985 2 h – 29.09.85 3 h MES
30.03.1986 2 h – 28.09.86 3 h MES
29.03.1987 2 h – 27.09.87 3 h MES
27.03.1988 2 h – 25.09.88 3 h MES
26.03.1989 2 h – 24.09.89 3 h MES
25.03.1990 2 h – 30.09.90 3 h MES
31.03.1991 2 h – 29.09.91 3 h MES
29.03.1992 2 h – 27.09.92 3 h MES
28.03.1993 2 h – 26.09.93 3 h MES
27.03.1994 2 h – 25.09.94 3 h MES
26.03.1995 2 h – 24.09.95 3 h MES
31.03.1996 2 h – 27.10.96 3 h MES
30.03.1997 2 h – 26.10.97 3 h MES
29.03.1998 2 h – 25.10.98 3 h MES
28.03.1999 2 h – 31.10.99 3 h MES**
26.03.2000 2 h – 29.10.00 3 h MES**
25.03.2001 2 h – 28.10.01 3 h MES**

* 1940 bis 1942 durchgehend
** voraussichtlich (Stand 1998)

GMT = Greenwich mean time (Greenwich-Zeit)
MES = mitteleuropäische Sommerzeit
MEZ = mitteleuropäische Zeit

Geburtsdatum/ Mondzeichen		
21.06.		
1920		♍
1924	(15:52)	♓
1925	(08:36)	♋
1928		♌
1929		♐
1932		♒
1933		♊
1936	(15:06)	♌
1937	(07:25)	♐
1940		♑
1941		♉
1944		♋
1945		♏
1948	(13:51)	♑
1949	(08:30)	♉
1952		♊
1953		♎
1954	(13:37)	♓
1956		♐
1957		♈
1958		♌
1960	(10:46)	♊
1961	(10:32)	♎
1962		♒
1964		♏
1965		♓
1966	(04:29)	♌
1968		♉
1969		♍
1970	(18:00)	♒
1972	(09:43)	♏
1973	(08:29)	♓
1974		♋
1976		♈
1977		♌
1978		♑
1980		♎
1981		♒
1982	(13:13)	♋
1984	(11:40)	♈
1985	(02:32)	♌
1986		♐
1987	(01:09)	♉
1988		♍
1989	(17:57)	♒
1990		♊
1991	(18:18)	♏
1992		♓
1993		♋
1994	(08:32)	♐
1995		♈
1996	(13:07)	♍
1997		♑
1998	(22:26)	♊
1999		♎
2000		♒
2001	(12:41)	♋
2002		♏
2003	(16:06)	♈
2004		♌
2005		♐
2006		♉
2007		♍
2008	(10:33)	♒
2009		♊
2010	(13:14)	♏
22.06.		
1920		♍
1921		♑
1922	(19:02)	♊
1923		♎
1924		♓
1925		♋
1926		♏
1927	(11:29)	♈
1928	(09:27)	♍
1929	(04:45)	♑
1930	(00:35)	♉
1931		♍
1932		♒
1933		♊
1934	(18:25)	♏
1935		♓
1936		♌
1937		♐
1938		♈
1939		♍
1940	(09:15)	♒
1941	(03:44)	♊
1942		♎
1943	(13:36)	♓
1944		♋
1945	(23:27)	♐
1946	(13:19)	♈
1947		♌
1948		♑
1949		♉
1950		♍
1951		♒
1952	(08:04)	♋
1953	(04:57)	♏
1954		♓
1955	(08:36)	♌
1956		♐
1957		♈
1958	(03:22)	♍
1959		♑
1960		♊
1961		♎
1962	(16:59)	♓
1963		♋
1964	(06:03)	♐
1965	(05:29)	♈
1966		♌
1967	(05:46)	♑
1968		♉
1969		♍
1970		♒
1971	(21:30)	♋
1972		♏
1973		♓
1974	(08:30)	♌
1975		♐
1976	(06:21)	♉
1977	(01:29)	♍
1978	(22:07)	♒
1979	(00:23)	♊
1980		♎
1981	(17:44)	♓
1982		♋
1983	(16:55)	♐
1984		♈
1985		♌
1986	(04:00)	♑
1987		♉
1988	(08:57)	♎
1989		♒
1990	(18:09)	♋
1991		♏
1992		♓
1993	(09:26)	♌
1994		♐
1995	(12:35)	♉
1996		♍
1997	(23:20)	♒
1998		♊
1999		♎
2000	(08:52)	♓
2001		♋
2002	(12:42)	♐
2003		♈
2004		♌
2005	(03:52)	♑
2006		♉
2007	(12:43)	♎
2008		♒
2009	(18:12)	♋
2010		♏
23.06.		
1920	(05:05)	♎
1921	(01:24)	♒
1922		♊
1923		♎
1924	(22:56)	♈
1925	(21:31)	♌
1926	(12:35)	♐
1927		♈
1928		♍
1929		♑
1930		♉
1931	(00:23)	♎
1932	(03:25)	♓
1933	(00:06)	♋
1934		♏
1935	(13:21)	♈
1936	(23:15)	♍
1937	(19:58)	♑
1938	(10:50)	♉
1939		♍
1940		♒
1941		♊
1942		♎
1943		♓
1944	(04:25)	♌
1945		♐
1946		♈
1947	(04:01)	♍
1948		♑
1949	(19:20)	♊
1950	(04:09)	♎
1951	(18:49)	♓
1952		♋
1953		♏
1954	(17:44)	♈
1955		♌
1956	(03:43)	♑
1957	(00:38)	♉
1958		♍
1959	(00:00)	♒
1960	(23:10)	♋
1961	(19:51)	♏
1962		♓
1963	(16:44)	♌
1964		♐
1965		♈
1966	(06:08)	♍
1967		♑
1968	(02:22)	♊
1969	(00:03)	♎
1970	(19:11)	♓
1971		♋
1972	(22:14)	♐
1973	(16:48)	♈
1974		♌
1975	(14:56)	♑
1976		♉
1977		♍
1978		♒
1979		♊
1980	(03:26)	♏
1981		♓
1982	(12:57)	♌
1983		♐
1984	(23:38)	♉
1985	(08:32)	♍
1986		♑
1987	(10:55)	♊

Geburtsdatum/ Mondzeichen		
1988		♎
1989	(22:36)	♓
1990		♋
1991		♏
1992	(05:03)	♈
1993		♌
1994	(09:37)	♑
1995		♉
1996		♍
1997		♒
1998		♊
1999	(08:18)	♏
2000		♓
2001	(13:55)	♌
2002		♐
2003		♈
2004	(03:10)	♍
2005		♑
2006	(03:49)	♊
2007		♎
2008	(20:32)	♓
2009		♋
2010	(19:10)	♐
24.06.		
1920		♎
1921		♒
1922		♊
1923	(01:20)	♏
1924		♈
1925		♌
1926		♐
1927	(13:54)	♉
1928	(17:42)	♎
1929	(17:24)	♒
1930	(06:00)	♊
1931		♎
1932		♓
1933		♋
1934	(21:49)	♐
1935		♈
1936		♍
1937		♑
1938		♉
1939	(02:30)	♎
1940	(18:55)	♓
1941	(14:51)	♋
1942	(02:50)	♏
1943	(16:52)	♈
1944		♌
1945		♐
1946	(16:56)	♉
1947		♍
1948	(00:15)	♒
1949		♊
1950		♎
1951		♓
1952	(20:02)	♌
1953	(13:48)	♐
1954		♈
1955	(11:26)	♍
1956		♑
1957		♉
1958	(06:42)	♎
1959		♒
1960		♋
1961		♏
1962	(19:43)	♈
1963		♌
1964	(19:02)	♑
1965	(13:16)	♉
1966		♍
1967	(10:11)	♒
1968		♊
1969		♎
1970		♓
1971		♋
1972		♐
1973		♈
1974	(09:11)	♍
1975		♑
1976	(18:37)	♊
1977	(08:35)	♎
1978	(22:57)	♓
1979	(08:25)	♋
1980		♏
1981	(23:18)	♈
1982		♌
1983		♐
1984		♉
1985		♍
1986	(03:50)	♒
1987		♊
1988	(19:58)	♏
1989		♓
1990	(19:25)	♌
1991	(05:16)	♐
1992		♈
1993	(12:18)	♍
1994		♑
1995		♉
1996	(00:38)	♎
1997		♒
1998	(00:39)	♋
1999		♏
2000	(18:55)	♈
2001		♌
2002	(17:01)	♑
2003	(04:15)	♉
2004		♍
2005	(03:36)	♒
2006		♊
2007		♎
2008		♓
2009	(17:50)	♌
2010		♐
25.06.		
1920	(14:19)	♏
1921	(14:04)	♓
1922	(00:27)	♋
1923		♏
1924		♈
1925		♌
1926	(16:18)	♑
1927		♉
1928		♎
1929		♒
1930		♊
1931	(03:34)	♏
1932	(13:34)	♈
1933	(12:17)	♌
1934		♐
1935	(16:54)	♉
1936		♍
1937		♑
1938	(13:25)	♊
1939		♎
1940		♓
1941		♋
1942		♏
1943		♈
1944	(15:58)	♍
1945	(09:14)	♑
1946		♉
1947	(07:51)	♎
1948		♒
1949		♊
1950	(07:19)	♏
1951		♓
1952		♌
1953		♐
1954	(20:09)	♉
1955		♍
1956	(16:26)	♒
1957	(08:07)	♊
1958		♎
1959	(04:09)	♓
1960		♋
1961		♏
1962		♈
1963	(22:56)	♍
1964		♑
1965		♉
1966	(08:23)	♎
1967		♒
1968	(14:43)	♋
1969	(06:31)	♏
1970	(21:52)	♈
1971	(04:12)	♌
1972		♐
1973	(21:37)	♉
1974		♍
1975	(23:33)	♒
1976		♊
1977		♎
1978		♓
1979		♋
1980	(14:02)	♐
1981		♈
1982	(14:36)	♍
1983	(03:08)	♑
1984		♉
1985	(12:48)	♎
1986		♒
1987	(22:22)	♋
1988		♏
1989		♓
1990		♌
1991		♐
1992	(14:28)	♉
1993		♍
1994	(12:10)	♒
1995	(01:02)	♊
1996		♎
1997	(01:09)	♓
1998		♋
1999	(20:51)	♐
2000		♈
2001	(14:58)	♍
2002		♑
2003		♉
2004	(11:50)	♎
2005		♒
2006	(09:48)	♋
2007	(01:26)	♏
2008		♓
2009		♌
2010		♐
26.06.		
1920		♏
1921		♓
1922		♋
1923	(02:46)	♐
1924	(09:27)	♉
1925	(10:21)	♍
1926		♑
1927	(16:26)	♊
1928		♎
1929		♒
1930	(07:57)	♋
1931		♏
1932		♈
1933		♌
1934	(22:24)	♑
1935		♉
1936	(10:23)	♎
1937	(06:54)	♒
1938		♊
1939	(07:25)	♏

Geburtsdatum/ Mondzeichen		
1940		♓
1941	(23:55)	♌
1942	(04:09)	♐
1943	(22:52)	♉
1944		♍
1945		♑
1946	(18:07)	♊
1947		♎
1948	(12:23)	♓
1949	(03:01)	♋
1950		♏
1951	(00:13)	♈
1952		♌
1953	(19:29)	♑
1954		♉
1955	(17:55)	♎
1956		♒
1957		♊
1958	(09:30)	♏
1959		♓
1960	(11:51)	♌
1961	(01:05)	♐
1962	(22:34)	♉
1963		♍
1964		♑
1965	(17:18)	♊
1966		♎
1967	(17:49)	♓
1968		♋
1969		♏
1970		♈
1971		♌
1972	(09:36)	♑
1973		♉
1974	(11:57)	♎
1975		♒
1976		♊
1977	(12:42)	♏
1978		♓
1979	(18:47)	♌
1980		♐
1981		♈
1982		♍
1983		♑
1984	(09:04)	♊
1985		♎
1986	(06:12)	♓
1987		♋
1988		♏
1989	(02:06)	♈
1990	(23:42)	♍
1991	(17:49)	♑
1992		♉
1993	(14:45)	♎
1994		♒
1995		♊
1996	(08:54)	♏
1997		♓
1998	(05:04)	♌
1999		♐
2000		♈
2001		♍
2002	(23:36)	♒
2003	(17:13)	♊
2004		♎
2005	(04:03)	♓
2006		♋
2007		♏
2008	(03:49)	♈
2009	(18:47)	♍
2010	(03:21)	♑
27.06.		
1920		♏
1921		♓
1922	(03:28)	♌
1923		♐
1924		♉
1925		♍
1926	(18:01)	♒
1927		♊
1928	(05:17)	♏
1929	(04:59)	♓
1930		♋
1931	(07:26)	♐
1932		♈
1933	(23:01)	♍
1934		♑
1935	(22:06)	♊
1936		♎
1937		♒
1938	(13:27)	♋
1939		♏
1940	(07:13)	♈
1941		♌
1942		♐
1943		♉
1944		♍
1945	(16:36)	♒
1946		♊
1947	(15:17)	♏
1948		♓
1949		♋
1950	(08:26)	♐
1951		♈
1952	(09:06)	♍
1953		♑
1954	(21:41)	♊
1955		♎
1956		♒
1957	(12:01)	♋
1958		♏
1959	(12:28)	♈
1960		♌
1961		♐
1962		♉
1963		♍
1964	(07:22)	♒
1965		♊
1966	(12:04)	♏
1967		♓
1968		♋
1969	(09:00)	♐
1970		♈
1971	(14:06)	♍
1972		♑
1973	(23:18)	♊
1974		♎
1975		♒
1976	(04:29)	♋
1977		♏
1978	(02:53)	♈
1979		♌
1980	(21:46)	♑
1981	(02:16)	♉
1982	(19:30)	♎
1983	(15:07)	♒
1984		♊
1985	(15:37)	♏
1986		♓
1987		♋
1988	(03:18)	♐
1989		♈
1990		♍
1991		♑
1992	(20:14)	♊
1993		♎
1994	(17:44)	♓
1995	(13:56)	♋
1996		♏
1997	(03:38)	♈
1998		♌
1999		♐
2000	(01:19)	♉
2001	(17:11)	♎
2002		♒
2003		♊
2004	(17:13)	♏
2005		♓
2006	(18:09)	♌
2007	(13:23)	♐
2008		♈
2009		♍
2010		♑
28.06.		
1920	(02:15)	♐
1921	(02:02)	♈
1922		♌
1923	(04:20)	♑
1924	(21:51)	♊
1925	(21:15)	♎
1926		♒
1927	(20:03)	♋
1928		♏
1929		♓
1930	(08:06)	♌
1931		♐
1932	(02:08)	♉
1933		♍
1934	(22:02)	♒
1935		♊
1936	(22:52)	♏
1937	(15:37)	♓
1938		♋
1939	(14:39)	♐
1940		♈
1941		♌
1942	(03:30)	♑
1943		♉
1944	(04:40)	♎
1945		♒
1946	(18:10)	♋
1947		♏
1948		♓
1949	(08:01)	♌
1950		♐
1951	(09:17)	♉
1952		♍
1953	(22:51)	♒
1954		♊
1955		♎
1956	(04:54)	♓
1957		♋
1958	(12:12)	♐
1959		♈
1960	(23:53)	♍
1961	(03:00)	♑
1962		♉
1963	(08:41)	♎
1964		♒
1965	(18:20)	♋
1966		♏
1967		♓
1968	(01:30)	♌
1969		♐
1970	(02:35)	♉
1971		♍
1972	(19:02)	♒
1973		♊
1974	(17:40)	♏
1975	(10:33)	♓
1976		♋
1977	(14:02)	♐
1978		♈
1979		♌
1980		♑
1981		♉
1982		♎
1983		♒

Geburtsdatum/ Mondzeichen			Geburtsdatum/ Mondzeichen			Geburtsdatum/ Mondzeichen			Geburtsdatum/ Mondzeichen		
1984	(15:09)	♋	1949		♌	2006		♌	1971	(02:22)	♎
1985		♏	1950	(08:48)	♑	2007	(23:05)	♑	1972		♒
1986	(12:35)	♈	1951		♉	2008		♉	1973		♋
1987	(10:52)	♌	1952	(21:18)	♎	2009		♎	1974		♏
1988		♐	1953		♒	2010		♒	1975	(23:02)	♈
1989	(04:45)	♉	1954	(23:35)	♋	**30.06.**			1976		♌
1990		♍	1955	(04:04)	♏	1920	(15:06)	♑	1977	(13:48)	♑
1991		♑	1956		♓	1921	(11:14)	♉	1978		♉
1992		♊	1957	(13:31)	♌	1922		♍	1979		♍
1993	(17:37)	♏	1958		♐	1923	(07:44)	♒	1980	(03:04)	♒
1994		♓	1959		♈	1924		♊	1981		♊
1995		♋	1960		♍	1925		♎	1982	(04:02)	♏
1996	(13:01)	♐	1961		♑	1926		♓	1983	(03:52)	♓
1997		♈	1962	(02:09)	♊	1927		♋	1984	(18:30)	♌
1998	(12:54)	♍	1963		♎	1928		♐	1985		♐
1999	(09:12)	♑	1964	(17:56)	♓	1929		♈	1986	(22:54)	♉
2000		♉	1965		♋	1930	(08:28)	♍	1987	(23:34)	♍
2001		♎	1966	(17:31)	♐	1931		♑	1988		♑
2002		♒	1967	(04:53)	♈	1932	(14:35)	♊	1989	(07:08)	♊
2003		♊	1968		♌	1933	(07:11)	♎	1990		♎
2004		♏	1969	(08:44)	♑	1934	(22:38)	♓	1991		♒
2005	(06:51)	♈	1970		♉	1935	(05:26)	♋	1992		♋
2006		♌	1971		♍	1936		♏	1993	(21:28)	♐
2007		♐	1972		♒	1937	(21:50)	♈	1994	(03:07)	♈
2008	(07:50)	♉	1973	(23:08)	♋	1938		♌	1995	(02:02)	♌
2009	(22:24)	♎	1974		♏	1939	(23:53)	♑	1996	(13:47)	♑
2010	(13:52)	♒	1975		♓	1940		♉	1997		♉
29.06.			1976	(11:39)	♌	1941		♍	1998		♍
1920		♐	1977		♐	1942	(03:00)	♒	1999	(20:19)	♒
1921		♈	1978	(10:21)	♉	1943		♊	2000		♊
1922	(05:36)	♍	1979	(07:14)	♍	1944	(16:10)	♏	2001		♏
1923		♑	1980		♑	1945		♓	2002		♓
1924		♊	1981	(03:21)	♊	1946	(18:47)	♌	2003		♋
1925		♎	1982		♎	1947	(01:46)	♐	2004		♐
1926	(19:13)	♓	1983		♒	1948		♈	2005	(12:45)	♉
1927		♋	1984		♋	1949	(11:26)	♍	2006	(05:15)	♍
1928	(18:13)	♐	1985	(17:30)	♐	1950		♑	2007		♑
1929	(14:22)	♈	1986		♈	1951	(20:51)	♊	2008	(09:03)	♊
1930		♌	1987		♌	1952		♎	2009		♎
1931	(12:35)	♑	1988	(07:00)	♑	1953		♒	2010		♒
1932		♉	1989		♉	1954		♋	**01.07.**		
1933		♍	1990	(07:47)	♎	1955		♏	1920		♑
1934		♒	1991	(06:47)	♒	1956	(15:43)	♈	1921		♉
1935		♊	1992	(22:42)	♋	1957		♌	1922	(08:04)	♎
1936		♏	1993		♏	1958	(15:32)	♑	1923		♒
1937		♓	1994		♓	1959	(00:11)	♉	1924	(10:28)	♋
1938	(12:45)	♌	1995		♋	1960		♍	1925	(04:33)	♏
1939		♐	1996		♐	1961	(03:18)	♒	1926	(21:14)	♈
1940	(19:52)	♉	1997	(07:23)	♉	1962		♊	1927	(01:48)	♌
1941	(07:03)	♍	1998		♍	1963	(20:48)	♏	1928		♐
1942		♑	1999		♑	1964		♓	1929	(20:31)	♉
1943	(07:27)	♊	2000	(03:59)	♊	1965	(17:59)	♌	1930		♍
1944		♎	2001	(21:28)	♏	1966		♐	1931	(19:56)	♒
1945	(21:51)	♓	2002	(09:00)	♓	1967		♈	1932		♊
1946		♋	2003	(04:52)	♋	1968	(10:26)	♍	1933		♎
1947		♏	2004	(19:15)	♐	1969		♑	1934		♓
1948	(00:56)	♈	2005		♈	1970	(09:24)	♊	1935		♋

Geburtsdatum/		Mondzeichen
1936	(10:27)	♐
1937		♈
1938	(13:24)	♍
1939		♑
1940		♉
1941	(12:17)	♎
1942		♒
1943	(18:13)	♋
1944		♏
1945		♓
1946		♌
1947		♐
1948	(11:40)	♉
1949		♍
1950	(10:19)	♒
1951		♊
1952		♎
1953	(01:08)	♓
1954		♋
1955	(16:34)	♐
1956		♈
1957	(14:23)	♍
1958		♑
1959		♉
1960	(09:46)	♎
1961		♒
1962	(07:19)	♋
1963		♏
1964		♓
1965		♌
1966		♐
1967	(17:43)	♉
1968		♍
1969	(07:49)	♒
1970		♊
1971		♎
1972	(02:18)	♓
1973	(22:55)	♌
1974	(02:20)	♐
1975		♈
1976	(16:46)	♍
1977		♑
1978	(20:37)	♊
1979	(20:08)	♎
1980		♒
1981	(03:57)	♋
1982		♏
1983		♓
1984		♌
1985	(19:22)	♑
1986		♉
1987		♍
1988	(08:29)	♒
1989		♊
1990	(19:01)	♏
1991	(18:51)	♓
1992	(23:15)	♌
1993		♐
1994		♈
1995		♌
1996		♑
1997	(12:35)	♊
1998	(00:05)	♎
1999		♒
2000	(04:09)	♋
2001		♏
2002	(20:49)	♈
2003	(14:13)	♌
2004	(19:01)	♑
2005		♉
2006		♍
2007		♑
2008		♊
2009	(05:18)	♏
2010	(02:09)	♓
02.07.		
1920		♑
1921	(16:23)	♊
1922		♎
1923	(14:28)	♓
1924		♋
1925		♏
1926		♈
1927		♌
1928	(06:23)	♑
1929		♉
1930	(10:47)	♎
1931		♒
1932		♊
1933	(11:57)	♏
1934		♓
1935	(15:13)	♌
1936		♐
1937		♈
1938		♍
1939		♑
1940	(06:15)	♊
1941		♎
1942	(04:46)	♓
1943		♋
1944		♏
1945	(01:29)	♈
1946	(21:45)	♍
1947	(14:03)	♑
1948		♉
1949	(14:22)	♎
1950		♒
1951		♊
1952	(06:25)	♏
1953		♓
1954	(03:16)	♌
1955		♐
1956	(23:26)	♉
1957		♍
1958	(20:44)	♒
1959	(13:05)	♊
1960		♎
1961	(03:52)	♓
1962		♋
1963		♏
1964	(01:52)	♈
1965	(18:11)	♍
1966	(00:51)	♑
1967		♉
1968	(17:10)	♎
1969		♒
1970	(18:21)	♋
1971	(14:46)	♏
1972		♓
1973		♌
1974		♐
1975		♈
1976		♍
1977	(13:56)	♒
1978		♊
1979		♎
1980	(06:48)	♓
1981		♋
1982	(15:25)	♐
1983	(15:47)	♈
1984	(20:28)	♍
1985		♑
1986		♉
1987		♍
1988		♒
1989	(10:19)	♋
1990		♏
1991		♓
1992		♌
1993		♐
1994	(15:23)	♉
1995	(12:35)	♍
1996	(13:05)	♒
1997		♊
1998		♎
1999		♒
2000		♋
2001	(04:13)	♐
2002		♈
2003		♌
2004		♑
2005	(21:26)	♊
2006	(18:06)	♎
2007	(06:24)	♒
2008	(08:53)	♋
2009		♏
2010		♓
03.07.		
1920	(03:30)	♒
1921		♊
1922	(11:29)	♏
1923		♓
1924	(22:11)	♌
1925	(07:55)	♐
1926		♈
1927	(10:27)	♍
1928		♑
1929	(23:14)	♊
1930		♎
1931		♒
1932	(01:07)	♋
1933		♏
1934	(01:39)	♈
1935		♌
1936	(19:34)	♑
1937	(01:34)	♉
1938	(17:09)	♎
1939	(10:54)	♒
1940		♊
1941	(15:34)	♏
1942		♓
1943		♋
1944	(00:38)	♐
1945		♈
1946		♍
1947		♑
1948	(18:48)	♊
1949		♎
1950	(14:51)	♓
1951	(09:27)	♋
1952		♏
1953	(03:23)	♈
1954		♌
1955		♐
1956		♉
1957	(16:16)	♎
1958		♒
1959		♊
1960	(16:09)	♏
1961		♓
1962	(14:55)	♌
1963	(09:11)	♐
1964		♈
1965		♍
1966		♑
1967		♉
1968		♎
1969	(08:26)	♓
1970		♋
1971		♏
1972	(07:22)	♈
1973		♌
1974	(13:19)	♑
1975	(10:54)	♉
1976	(20:34)	♎
1977		♒
1978		♊
1979		♎

Geburtsdatum/ Mondzeichen		
1980		♓
1981	(05:47)	♌
1982		♐
1983		♈
1984		♍
1985	(22:36)	♒
1986	(11:32)	♊
1987	(10:55)	♎
1988	(09:33)	♓
1989		♋
1990		♏
1991		♓
1992	(23:37)	♍
1993	(02:49)	♑
1994		♉
1995		♍
1996		♒
1997	(19:33)	♋
1998	(12:45)	♏
1999	(05:34)	♓
2000	(03:38)	♌
2001		♐
2002		♈
2003	(21:16)	♍
2004	(18:22)	♒
2005		♊
2006		♎
2007		♒
2008		♋
2009	(15:11)	♐
2010	(14:44)	♈
04.07.		
1920		♒
1921	(17:55)	♋
1922		♏
1923		♓
1924		♌
1925		♐
1926	(00:59)	♉
1927		♍
1928	(16:32)	♒
1929		♊
1930	(15:56)	♏
1931	(06:10)	♓
1932		♋
1933	(13:32)	♐
1934		♈
1935		♌
1936		♑
1937		♉
1938		♎
1939		♒
1940	(13:11)	♋
1941		♏
1942	(10:10)	♈
1943	(06:39)	♌
1944		♐

Geburtsdatum/ Mondzeichen		
1945	(04:04)	♉
1946		♍
1947		♑
1948		♊
1949	(17:22)	♏
1950		♓
1951		♋
1952	(11:27)	♐
1953		♈
1954	(09:56)	♍
1955	(05:29)	♑
1956		♉
1957		♎
1958		♒
1959		♊
1960		♏
1961	(06:12)	♈
1962		♌
1963		♐
1964	(06:42)	♉
1965	(20:43)	♎
1966	(10:14)	♒
1967	(05:39)	♊
1968	(21:20)	♏
1969		♓
1970		♋
1971		♏
1972		♈
1973	(00:31)	♍
1974		♑
1975		♉
1976		♎
1977	(16:31)	♓
1978	(08:33)	♋
1979	(06:57)	♏
1980	(09:46)	♈
1981		♌
1982		♐
1983		♈
1984	(22:27)	♎
1985		♒
1986		♊
1987		♎
1988		♓
1989	(15:37)	♌
1990	(07:35)	♐
1991	(04:33)	♈
1992		♍
1993		♑
1994		♉
1995	(20:55)	♎
1996	(13:07)	♓
1997		♋
1998		♏
1999		♓
2000		♌
2001	(13:22)	♑

Geburtsdatum/ Mondzeichen		
2002	(09:16)	♉
2003		♍
2004		♒
2005		♊
2006		♎
2007	(11:52)	♓
2008	(09:15)	♌
2009		♐
2010		♈
05.07.		
1920	(14:37)	♓
1921		♋
1922	(16:05)	♐
1923	(00:51)	♈
1924		♌
1925	(08:24)	♑
1926		♉
1927	(21:47)	♎
1928		♒
1929	(23:21)	♋
1930		♏
1931		♓
1932	(09:18)	♌
1933		♐
1934	(07:47)	♉
1935	(03:08)	♍
1936		♑
1937	(03:15)	♊
1938		♎
1939	(23:17)	♓
1940		♋
1941	(17:13)	♐
1942		♈
1943		♌
1944	(05:42)	♑
1945		♉
1946	(04:21)	♎
1947	(02:50)	♒
1948	(22:07)	♋
1949		♏
1950	(23:24)	♈
1951	(22:00)	♌
1952		♐
1953	(06:23)	♉
1954		♍
1955		♑
1956	(03:26)	♊
1957	(20:10)	♏
1958	(04:57)	♓
1959	(01:03)	♋
1960	(18:42)	♐
1961		♈
1962		♌
1963	(20:03)	♑
1964		♉
1965		♎
1966		♒

Geburtsdatum/ Mondzeichen		
1967		♊
1968		♏
1969	(12:16)	♈
1970	(05:26)	♌
1971	(00:59)	♐
1972	(10:25)	♉
1973		♍
1974		♑
1975	(19:58)	♊
1976	(23:33)	♏
1977		♓
1978		♋
1979		♏
1980		♈
1981	(10:26)	♍
1982	(04:15)	♑
1983	(01:05)	♉
1984		♎
1985		♒
1986		♊
1987	(19:03)	♏
1988	(11:37)	♈
1989		♌
1990		♐
1991		♈
1992		♍
1993	(10:14)	♒
1994	(04:12)	♊
1995		♎
1996		♓
1997		♋
1998		♏
1999	(12:21)	♈
2000	(04:19)	♍
2001		♑
2002		♉
2003		♍
2004	(19:26)	♓
2005	(08:07)	♋
2006	(06:13)	♏
2007		♓
2008		♌
2009		♐
2010		♈
06.07.		
1920		♓
1921	(17:33)	♌
1922		♐
1923		♈
1924	(08:15)	♍
1925		♑
1926	(06:57)	♊
1927		♎
1928		♒
1929		♋
1930	(23:49)	♐
1931	(18:40)	♈

Geburtsdatum/ Mondzeichen		
1932		♌
1933	(13:15)	♑
1934		♉
1935		♍
1936	(01:56)	♒
1937		♊
1938	(00:49)	♏
1939		♓
1940	(17:12)	♌
1941		♐
1942	(19:22)	♉
1943	(19:45)	♍
1944		♑
1945	(06:20)	♊
1946		♎
1947		♒
1948		♋
1949	(20:45)	♐
1950		♈
1951		♌
1952	(13:02)	♑
1953		♉
1954	(19:53)	♎
1955	(17:18)	♒
1956		♊
1957		♏
1958		♓
1959		♋
1960		♐
1961	(11:01)	♉
1962	(01:22)	♍
1963		♑
1964	(08:43)	♊
1965		♎
1966	(21:39)	♓
1967	(14:47)	♋
1968	(23:05)	♐
1969		♈
1970		♌
1971		♐
1972		♉
1973	(05:23)	♎
1974	(01:41)	♒
1975		♊
1976		♏
1977	(23:03)	♈
1978	(21:13)	♌
1979	(13:56)	♐
1980	(12:30)	♉
1981		♍
1982		♑
1983		♉
1984		♎
1985	(04:40)	♓
1986	(00:19)	♋
1987		♏
1988		♈
1989		♌
1990	(19:40)	♑
1991	(10:52)	♉
1992	(01:27)	♎
1993		♒
1994		♊
1995		♎
1996	(15:42)	♈
1997	(04:45)	♌
1998	(00:24)	♐
1999		♈
2000		♍
2001		♑
2002	(20:01)	♊
2003	(02:20)	♎
2004		♓
2005		♋
2006		♏
2007	(15:57)	♈
2008	(12:04)	♍
2009	(03:07)	♑
2010	(01:29)	♉
07.07.		
1920	(23:38)	♈
1921		♌
1922	(22:12)	♑
1923	(13:25)	♉
1924		♍
1925	(07:49)	♒
1926		♊
1927		♎
1928	(00:23)	♓
1929	(22:37)	♌
1930		♐
1931		♈
1932	(15:33)	♍
1933		♑
1934	(16:55)	♊
1935	(15:52)	♎
1936		♒
1937	(03:53)	♋
1938		♏
1939		♓
1940		♌
1941	(18:21)	♑
1942		♉
1943		♍
1944	(08:14)	♒
1945		♊
1946	(14:41)	♏
1947	(15:03)	♓
1948	(22:53)	♌
1949		♐
1950		♈
1951		♌
1952		♑
1953	(10:42)	♊
1954		♎
1955		♒
1956	(04:20)	♋
1957		♏
1958	(16:18)	♈
1959	(11:08)	♌
1960	(18:34)	♑
1961		♉
1962		♍
1963		♑
1964		♊
1965	(02:38)	♏
1966		♓
1967		♋
1968		♐
1969	(19:53)	♉
1970	(18:11)	♍
1971	(08:03)	♑
1972	(12:05)	♊
1973		♎
1974		♒
1975		♊
1976		♏
1977		♈
1978		♌
1979		♐
1980		♉
1981	(18:42)	♎
1982	(17:03)	♒
1983	(06:41)	♊
1984	(01:28)	♏
1985		♓
1986		♋
1987	(23:05)	♐
1988	(15:27)	♉
1989	(00:04)	♍
1990		♑
1991		♉
1992		♎
1993	(20:10)	♓
1994	(15:17)	♋
1995	(02:19)	♏
1996		♈
1997		♌
1998		♐
1999	(16:22)	♉
2000	(07:47)	♎
2001	(00:33)	♒
2002		♊
2003		♎
2004		♓
2005	(20:11)	♌
2006	(15:13)	♐
2007		♈
2008		♍
2009		♑
2010		♉
08.07.		
1920		♈
1921	(17:26)	♍
1922		♑
1923		♉
1924	(15:55)	♎
1925		♒
1926	(15:16)	♋
1927	(10:17)	♏
1928		♓
1929		♌
1930		♐
1931		♈
1932		♍
1933	(13:05)	♒
1934		♊
1935		♎
1936	(06:10)	♓
1937		♋
1938	(11:45)	♐
1939	(11:50)	♈
1940	(19:44)	♍
1941		♑
1942		♉
1943		♍
1944		♒
1945	(09:10)	♋
1946		♏
1947		♓
1948		♌
1949		♐
1950	(11:13)	♉
1951	(09:36)	♍
1952	(12:54)	♒
1953		♊
1954		♎
1955		♒
1956		♋
1957	(02:20)	♐
1958		♈
1959		♌
1960		♑
1961	(18:27)	♊
1962	(13:48)	♎
1963	(04:36)	♒
1964	(08:57)	♋
1965		♏
1966		♓
1967	(20:58)	♌
1968	(23:24)	♑
1969		♉
1970		♍
1971		♑
1972		♊
1973	(14:05)	♏
1974	(14:25)	♓
1975	(01:23)	♋

Geburtsdatum/ Mondzeichen		
1976	(02:05)	♐
1977		♈
1978		♌
1979	(17:07)	♑
1980	(15:33)	♊
1981		♎
1982		♒
1983		♊
1984		♏
1985	(14:20)	♈
1986	(11:56)	♌
1987		♐
1988		♉
1989		♍
1990		♑
1991	(13:42)	♊
1992	(05:53)	♏
1993		♓
1994		♋
1995		♏
1996	(21:43)	♉
1997	(16:22)	♍
1998	(09:27)	♑
1999		♉
2000		♎
2001		♒
2002		♊
2003	(05:43)	♏
2004	(00:03)	♈
2005		♌
2006		♐
2007	(18:54)	♉
2008	(18:31)	♎
2009	(16:03)	♒
2010	(08:51)	♊
09.07.		
1920		♈
1921		♍
1922		♑
1923		♉
1924		♎
1925	(08:06)	♓
1926		♋
1927		♏
1928	(06:04)	♈
1929	(23:10)	♍
1930	(09:49)	♑
1931	(07:14)	♉
1932	(20:12)	♎
1933		♒
1934		♊
1935		♎
1936		♓
1937	(04:59)	♌
1938		♐
1939		♈
1940		♍
1941	(20:36)	♒
1942	(07:10)	♊
1943	(07:44)	♎
1944	(09:39)	♓
1945		♋
1946		♏
1947		♓
1948	(23:03)	♍
1949	(01:02)	♑
1950		♉
1951		♍
1952		♒
1953	(16:54)	♋
1954	(08:04)	♏
1955	(03:09)	♓
1956	(03:42)	♌
1957		♐
1958		♈
1959	(19:15)	♍
1960	(17:43)	♒
1961		♊
1962		♎
1963		♒
1964		♋
1965	(11:53)	♐
1966	(10:16)	♈
1967		♌
1968		♑
1969		♉
1970		♍
1971	(12:26)	♒
1972	(13:29)	♋
1973		♏
1974		♓
1975		♋
1976		♐
1977	(09:33)	♉
1978	(09:44)	♍
1979		♑
1980		♊
1981		♎
1982		♒
1983	(08:50)	♋
1984	(06:03)	♐
1985		♈
1986		♌
1987	(23:43)	♑
1988	(21:16)	♊
1989	(11:30)	♎
1990	(06:07)	♒
1991		♊
1992		♏
1993		♓
1994	(23:43)	♌
1995	(04:38)	♐
1996		♉
1997		♍
1998		♑
1999	(18:00)	♊
2000	(14:48)	♏
2001	(13:05)	♓
2002	(03:36)	♋
2003		♏
2004		♈
2005		♌
2006	(20:25)	♑
2007		♉
2008		♎
2009		♒
2010		♊
10.07.		
1920	(05:45)	♉
1921	(19:28)	♎
1922	(06:27)	♒
1923	(01:37)	♊
1924	(20:36)	♏
1925		♓
1926		♋
1927	(21:37)	♐
1928		♈
1929		♍
1930		♑
1931		♉
1932		♎
1933	(15:01)	♓
1934	(04:20)	♋
1935	(03:15)	♏
1936	(09:10)	♈
1937		♌
1938		♐
1939	(22:27)	♉
1940	(22:07)	♎
1941		♒
1942		♊
1943		♎
1944		♓
1945	(13:43)	♌
1946	(03:20)	♐
1947	(01:34)	♈
1948		♍
1949		♑
1950		♉
1951	(19:04)	♎
1952	(12:59)	♓
1953		♋
1954		♏
1955		♓
1956		♌
1957	(10:35)	♑
1958	(05:09)	♉
1959		♍
1960		♒
1961		♊
1962		♎
1963	(10:53)	♓
1964	(09:01)	♌
1965		♐
1966		♈
1967		♌
1968		♑
1969	(06:31)	♊
1970	(07:02)	♎
1971		♒
1972		♋
1973		♏
1974		♓
1975	(03:50)	♌
1976	(04:49)	♑
1977		♉
1978		♍
1979	(17:59)	♒
1980	(19:44)	♋
1981	(06:02)	♏
1982	(04:35)	♓
1983		♋
1984		♐
1985		♈
1986	(21:50)	♍
1987		♑
1988		♊
1989		♎
1990		♒
1991	(14:03)	♋
1992	(13:17)	♐
1993	(08:11)	♈
1994		♌
1995		♐
1996		♉
1997		♍
1998	(15:52)	♒
1999		♊
2000		♏
2001		♓
2002		♋
2003	(07:48)	♐
2004	(08:51)	♉
2005	(08:57)	♍
2006		♑
2007	(21:10)	♊
2008		♎
2009		♒
2010	(12:38)	♋
11.07.		
1920		♉
1921		♎
1922		♒
1923		♊
1924		♏
1925	(10:53)	♈
1926	(01:50)	♌
1927		♐

Geburtsdatum/ Mondzeichen		
1928	(09:49)	♉
1929		♍
1930	(21:23)	♒
1931	(17:14)	♊
1932	(23:27)	♏
1933		♓
1934		♋
1935		♏
1936		♈
1937	(08:15)	♍
1938	(00:22)	♑
1939		♉
1940		♎
1941		♒
1942	(19:51)	♋
1943	(16:40)	♏
1944	(11:18)	♈
1945		♌
1946		♐
1947		♈
1948		♍
1949	(07:09)	♒
1950	(00:02)	♊
1951		♎
1952		♓
1953		♋
1954	(20:19)	♐
1955	(10:33)	♈
1956	(03:34)	♍
1957		♑
1958		♉
1959		♍
1960	(18:19)	♓
1961	(04:13)	♋
1962	(02:05)	♏
1963		♓
1964		♌
1965	(23:29)	♑
1966	(22:03)	♉
1967	(01:07)	♍
1968	(00:03)	♒
1969		♊
1970		♎
1971	(15:14)	♓
1972	(16:05)	♌
1973	(01:48)	♐
1974	(02:10)	♈
1975		♌
1976		♑
1977	(22:15)	♊
1978	(20:48)	♎
1979		♒
1980		♋
1981		♏
1982		♓
1983	(08:54)	♌
1984	(12:23)	♑

Geburtsdatum/ Mondzeichen		
1985	(02:44)	♉
1986		♍
1987	(22:49)	♒
1988		♊
1989		♎
1990	(14:29)	♓
1991		♋
1992		♐
1993		♈
1994		♌
1995	(04:43)	♑
1996	(06:52)	♊
1997	(05:21)	♎
1998		♒
1999	(18:27)	♋
2000		♏
2001		♓
2002	(08:08)	♌
2003		♐
2004		♉
2005		♍
2006	(22:46)	♒
2007		♊
2008	(04:35)	♏
2009	(04:44)	♓
2010		♋
12.07.		
1920	(08:40)	♊
1921		♎
1922	(17:16)	♓
1923	(11:34)	♋
1924	(22:32)	♐
1925		♈
1926		♌
1927		♐
1928		♉
1929	(02:54)	♎
1930		♒
1931		♊
1932		♏
1933	(20:31)	♈
1934	(17:07)	♌
1935	(11:27)	♐
1936	(11:46)	♉
1937		♍
1938		♑
1939		♉
1940		♎
1941	(01:42)	♓
1942		♋
1943		♏
1944		♈
1945	(20:58)	♍
1946	(16:05)	♑
1947	(09:12)	♉
1948	(00:31)	♎
1949		♒

Geburtsdatum/ Mondzeichen		
1950		♊
1951		♎
1952	(14:56)	♈
1953	(01:28)	♌
1954		♐
1955		♈
1956		♍
1957	(20:43)	♒
1958	(16:47)	♊
1959	(01:26)	♎
1960		♓
1961		♋
1962		♏
1963	(15:16)	♈
1964	(10:44)	♍
1965		♑
1966		♉
1967		♍
1968		♒
1969	(18:47)	♋
1970	(17:41)	♏
1971		♓
1972		♌
1973		♐
1974		♈
1975	(04:55)	♍
1976	(08:53)	♒
1977		♊
1978		♎
1979	(18:23)	♓
1980		♋
1981	(18:35)	♐
1982	(13:49)	♈
1983		♌
1984		♑
1985		♉
1986		♍
1987		♒
1988	(05:08)	♋
1989	(00:09)	♏
1990		♓
1991	(13:35)	♌
1992	(23:16)	♑
1993	(20:37)	♉
1994	(05:48)	♍
1995		♑
1996		♊
1997		♎
1998	(20:22)	♓
1999		♋
2000	(01:06)	♐
2001	(01:36)	♈
2002		♌
2003	(09:21)	♑
2004	(20:45)	♊
2005	(21:09)	♎
2006		♒

Geburtsdatum/ Mondzeichen		
2007	(23:39)	♋
2008		♏
2009		♓
2010	(13:53)	♌
13.07.		
1920		♊
1921	(00:43)	♏
1922		♓
1923		♋
1924		♐
1925	(17:05)	♉
1926	(14:07)	♍
1927	(06:06)	♑
1928	(12:00)	♊
1929		♎
1930		♒
1931	(23:30)	♋
1932		♏
1933		♈
1934		♌
1935		♐
1936		♉
1937	(15:04)	♎
1938	(13:05)	♒
1939	(05:21)	♊
1940	(01:07)	♏
1941		♓
1942		♋
1943	(21:37)	♐
1944	(14:16)	♉
1945		♍
1946		♑
1947		♉
1948		♎
1949	(16:01)	♓
1950	(11:34)	♋
1951	(01:19)	♏
1952		♈
1953		♌
1954		♐
1955	(15:20)	♉
1956	(05:54)	♎
1957		♒
1958		♊
1959		♎
1960	(22:07)	♈
1961	(15:56)	♌
1962	(12:00)	♐
1963		♈
1964		♍
1965		♑
1966		♉
1967	(04:20)	♎
1968	(03:03)	♓
1969		♋
1970		♏
1971	(17:32)	♈

Geburtsdatum/ Mondzeichen		
1972	(21:16)	♍
1973	(14:45)	♑
1974	(11:21)	♉
1975		♍
1976		♒
1977		♊
1978		♎
1979		♓
1980	(02:03)	♌
1981		♐
1982		♈
1983	(08:43)	♍
1984	(20:41)	♒
1985	(15:23)	♊
1986	(05:40)	♎
1987	(22:36)	♓
1988		♋
1989		♏
1990	(20:36)	♈
1991		♌
1992		♑
1993		♉
1994		♍
1995	(04:21)	♒
1996	(18:08)	♋
1997	(17:20)	♏
1998		♓
1999	(19:25)	♌
2000		♐
2001		♈
2002	(10:41)	♍
2003		♑
2004		♊
2005		♎
2006	(23:59)	♓
2007		♋
2008	(16:50)	♐
2009	(15:40)	♈
2010		♌
14.07.		
1920	(09:03)	♋
1921		♏
1922		♓
1923	(18:53)	♌
1924	(22:49)	♑
1925		♉
1926		♍
1927		♑
1928		♊
1929	(10:44)	♏
1930	(09:57)	♓
1931		♋
1932	(01:38)	♐
1933		♈
1934		♌
1935	(16:03)	♑
1936	(14:38)	♊
1937		♎
1938		♒
1939		♊
1940		♏
1941	(10:34)	♈
1942	(08:08)	♌
1943		♐
1944		♉
1945		♍
1946		♑
1947	(13:17)	♊
1948	(04:28)	♏
1949		♓
1950		♋
1951		♏
1952	(19:45)	♉
1953	(12:28)	♍
1954	(06:40)	♑
1955		♉
1956		♎
1957		♒
1958		♊
1959	(05:33)	♏
1960		♈
1961		♌
1962		♐
1963	(18:15)	♉
1964	(15:41)	♎
1965	(12:08)	♒
1966	(06:51)	♊
1967		♎
1968		♓
1969		♋
1970		♏
1971		♈
1972		♍
1973		♑
1974		♉
1975	(06:21)	♎
1976	(15:36)	♓
1977	(10:50)	♋
1978	(04:47)	♏
1979	(19:57)	♈
1980		♌
1981		♐
1982	(20:00)	♉
1983		♍
1984		♒
1985		♊
1986		♎
1987		♓
1988	(15:11)	♌
1989	(11:31)	♐
1990		♈
1991	(14:11)	♍
1992		♑
1993		♉
1994	(10:15)	♎
1995		♒
1996		♋
1997		♏
1998	(23:45)	♈
1999		♌
2000	(13:27)	♑
2001	(12:13)	♉
2002		♍
2003	(11:38)	♒
2004		♊
2005		♎
2006		♓
2007		♋
2008		♐
2009		♈
2010	(14:15)	♍
15.07.		
1920		♋
1921	(09:05)	♐
1922	(05:59)	♈
1923		♌
1924		♑
1925		♉
1926		♍
1927	(11:31)	♒
1928	(13:20)	♋
1929		♏
1930		♓
1931		♋
1932		♐
1933	(05:49)	♉
1934	(06:07)	♍
1935		♑
1936		♊
1937		♎
1938		♒
1939	(08:16)	♋
1940	(05:05)	♐
1941		♈
1942		♌
1943	(23:07)	♑
1944	(19:11)	♊
1945	(07:13)	♎
1946	(03:17)	♒
1947		♊
1948		♏
1949		♓
1950	(20:52)	♌
1951	(04:03)	♐
1952		♉
1953		♍
1954		♑
1955	(17:43)	♊
1956	(11:56)	♏
1957	(08:32)	♓
1958	(01:15)	♋
1959		♏
1960		♈
1961		♌
1962	(18:32)	♑
1963		♉
1964		♎
1965		♒
1966		♊
1967	(07:17)	♏
1968	(09:51)	♈
1969	(07:29)	♌
1970	(00:26)	♐
1971	(20:10)	♉
1972		♍
1973		♑
1974	(16:54)	♊
1975		♎
1976		♓
1977		♋
1978		♏
1979		♈
1980	(11:11)	♍
1981	(06:19)	♑
1982		♉
1983	(10:10)	♎
1984		♒
1985		♊
1986	(10:58)	♏
1987		♓
1988		♌
1989		♐
1990		♈
1991		♍
1992	(11:03)	♒
1993	(07:07)	♊
1994		♎
1995	(05:37)	♓
1996		♋
1997		♏
1998		♈
1999	(22:39)	♍
2000		♑
2001		♉
2002	(12:39)	♎
2003		♒
2004	(09:40)	♋
2005	(06:51)	♏
2006		♓
2007	(03:43)	♌
2008		♐
2009	(23:30)	♉
2010		♍
16.07.		
1920	(08:32)	♌
1921		♐
1922		♈
1923		♌

Geburtsdatum/ Mondzeichen			Geburtsdatum/ Mondzeichen			Geburtsdatum/ Mondzeichen			Geburtsdatum/ Mondzeichen		
1924	(23:11)	♒	1981		♑	1946	(12:15)	♓	2003		♓
1925	(02:37)	♊	1982	(23:03)	♊	1947		♋	2004	(21:56)	♌
1926	(02:52)	♎	1983		♎	1948		♐	2005	(12:35)	♐
1927		♒	1984	(07:10)	♓	1949		♈	2006		♈
1928		♋	1985	(01:54)	♋	1950		♌	2007	(10:39)	♍
1929	(22:00)	♐	1986		♏	1951	(04:14)	♑	2008		♑
1930	(22:26)	♈	1987	(01:00)	♈	1952	(03:37)	♊	2009		♉
1931	(02:41)	♌	1988		♌	1953	(01:04)	♎	2010		♎
1932	(03:35)	♑	1989	(20:01)	♑	1954		♒	**18.07.**		
1933		♉	1990	(00:29)	♉	1955	(18:30)	♋	1920	(09:12)	♍
1934		♍	1991	(17:34)	♎	1956	(21:38)	♐	1921		♑
1935	(17:53)	♒	1992		♒	1957	(21:14)	♈	1922		♉
1936	(18:28)	♋	1993		♊	1958	(06:31)	♌	1923		♍
1937	(01:36)	♏	1994	(13:35)	♏	1959		♐	1924		♒
1938	(00:55)	♓	1995		♓	1960		♉	1925	(14:33)	♋
1939		♋	1996	(06:31)	♌	1961		♍	1926	(14:08)	♏
1940		♐	1997	(02:03)	♐	1962	(22:07)	♒	1927		♓
1941	(22:30)	♉	1998		♈	1963		♊	1928		♌
1942	(19:08)	♍	1999		♍	1964	(00:32)	♏	1929		♐
1943		♑	2000		♑	1965	(00:45)	♓	1930		♈
1944		♊	2001	(19:26)	♊	1966		♋	1931	(04:22)	♍
1945		♎	2002		♎	1967	(10:22)	♐	1932	(06:44)	♒
1946		♒	2003	(16:14)	♓	1968	(20:30)	♉	1933		♊
1947	(14:14)	♋	2004		♋	1969	(19:42)	♍	1934		♎
1948	(11:11)	♐	2005		♏	1970	(03:19)	♑	1935	(18:30)	♓
1949	(03:43)	♈	2006	(01:39)	♈	1971	(23:47)	♊	1936	(23:58)	♌
1950		♌	2007		♌	1972		♎	1937	(14:20)	♐
1951		♐	2008	(05:20)	♑	1973		♒	1938	(11:02)	♈
1952		♉	2009		♉	1974	(18:56)	♋	1939		♌
1953		♍	2010	(15:24)	♎	1975		♏	1940		♑
1954	(14:19)	♒	**17.07.**			1976	(01:40)	♈	1941		♉
1955		♊	1920		♌	1977		♌	1942		♍
1956		♏	1921	(19:43)	♑	1978		♐	1943		♒
1957		♓	1922	(18:28)	♉	1979		♉	1944	(02:21)	♋
1958		♋	1923	(00:10)	♍	1980	(22:55)	♎	1945		♏
1959	(07:42)	♐	1924		♒	1981	(16:02)	♒	1946		♓
1960	(05:48)	♉	1925		♊	1982		♊	1947	(13:34)	♌
1961	(04:55)	♍	1926		♎	1983	(14:38)	♏	1948	(20:13)	♑
1962		♑	1927	(14:43)	♓	1984		♓	1949	(16:36)	♉
1963	(20:27)	♊	1928	(15:06)	♌	1985		♋	1950	(04:05)	♍
1964		♎	1929		♐	1986	(13:34)	♐	1951		♑
1965		♒	1930		♈	1987		♈	1952		♊
1966	(11:44)	♋	1931		♌	1988	(03:17)	♍	1953		♎
1967		♏	1932		♑	1989		♑	1954	(19:33)	♓
1968		♈	1933	(17:44)	♊	1990		♉	1955		♋
1969		♌	1934	(17:47)	♎	1991		♎	1956		♐
1970		♐	1935		♒	1992	(23:44)	♓	1957		♈
1971		♉	1936		♋	1993	(14:08)	♋	1958		♌
1972	(05:49)	♎	1937		♏	1994		♏	1959	(08:42)	♑
1973	(03:15)	♒	1938		♓	1995	(10:23)	♈	1960	(16:40)	♊
1974		♊	1939	(08:30)	♌	1996		♌	1961	(17:39)	♎
1975	(09:23)	♏	1940	(10:17)	♑	1997		♐	1962		♒
1976		♓	1941		♉	1998	(02:33)	♉	1963	(22:45)	♋
1977	(21:51)	♌	1942		♍	1999		♍	1964		♏
1978	(08:50)	♐	1943	(22:46)	♒	2000	(02:27)	♒	1965		♓
1979	(23:43)	♉	1944		♊	2001		♊	1966	(13:27)	♌
1980		♍	1945	(19:29)	♏	2002	(15:13)	♏	1967		♐

Geburtsdatum/ Mondzeichen		
1968		♉
1969		♍
1970		♑
1971		♊
1972	(17:15)	♏
1973	(14:07)	♓
1974		♋
1975	(14:32)	♐
1976		♈
1977		♌
1978	(09:33)	♑
1979		♉
1980		♎
1981		♒
1982	(23:46)	♋
1983		♏
1984	(19:26)	♈
1985	(09:25)	♌
1986		♐
1987	(07:04)	♉
1988		♍
1989		♑
1990	(02:32)	♊
1991		♎
1992		♓
1993		♋
1994	(16:09)	♐
1995		♈
1996	(19:16)	♍
1997	(06:45)	♑
1998		♉
1999	(05:19)	♎
2000		♒
2001	(22:56)	♋
2002		♏
2003		♓
2004		♌
2005		♐
2006	(04:44)	♉
2007		♍
2008	(16:40)	♒
2009	(03:41)	♊
2010	(18:42)	♏
19.07.		
1920		♍
1921		♑
1922		♉
1923	(04:05)	♎
1924	(01:30)	♓
1925		♋
1926		♏
1927	(16:58)	♈
1928	(18:53)	♍
1929	(10:47)	♑
1930	(08:54)	♉
1931		♍
1932		♒

Geburtsdatum/ Mondzeichen		
1933		♊
1934		♎
1935		♓
1936		♌
1937		♐
1938		♈
1939	(08:07)	♍
1940	(17:22)	♒
1941	(11:10)	♊
1942	(04:02)	♎
1943	(22:30)	♓
1944		♋
1945		♏
1946	(18:59)	♈
1947		♌
1948		♑
1949		♉
1950		♍
1951	(03:41)	♒
1952	(14:05)	♋
1953	(13:17)	♏
1954		♓
1955	(19:03)	♌
1956		♐
1957		♈
1958	(09:42)	♍
1959		♑
1960		♊
1961		♎
1962		♒
1963		♋
1964	(12:28)	♐
1965	(12:13)	♈
1966		♌
1967	(13:59)	♑
1968		♉
1969		♍
1970	(03:44)	♒
1971		♊
1972		♏
1973		♓
1974	(18:43)	♌
1975		♐
1976	(14:11)	♉
1977	(06:58)	♍
1978		♑
1979	(06:00)	♊
1980		♎
1981	(23:26)	♓
1982		♋
1983	(22:31)	♐
1984		♈
1985		♌
1986	(14:10)	♑
1987		♉
1988	(16:22)	♎
1989	(01:35)	♒

Geburtsdatum/ Mondzeichen		
1990		♊
1991	(00:41)	♏
1992		♓
1993	(17:47)	♌
1994		♐
1995	(19:20)	♉
1996		♍
1997		♑
1998	(05:18)	♊
1999		♎
2000	(14:44)	♓
2001		♋
2002	(19:02)	♐
2003	(00:20)	♈
2004		♌
2005	(14:26)	♑
2006		♉
2007	(20:53)	♎
2008		♒
2009		♊
2010		♏
20.07.		
1920	(13:02)	♎
1921	(07:43)	♒
1922	(04:10)	♊
1923		♎
1924		♓
1925		♋
1926	(22:10)	♐
1927		♈
1928		♍
1929		♑
1930		♉
1931	(06:06)	♎
1932	(12:34)	♓
1933	(06:25)	♋
1934	(02:31)	♏
1935	(19:33)	♈
1936		♌
1937		♐
1938	(18:31)	♉
1939		♍
1940		♒
1941		♊
1942		♎
1943		♓
1944	(11:51)	♌
1945	(07:36)	♐
1946		♈
1947	(13:19)	♍
1948		♑
1949		♉
1950	(09:34)	♎
1951		♒
1952		♋
1953		♏
1954	(23:07)	♈

Geburtsdatum/ Mondzeichen		
1955		♌
1956	(09:40)	♑
1957	(08:58)	♉
1958		♍
1959	(10:05)	♒
1960		♊
1961		♎
1962	(00:00)	♓
1963		♋
1964		♐
1965		♈
1966	(13:46)	♍
1967		♑
1968	(09:13)	♊
1969	(06:20)	♎
1970		♒
1971	(04:56)	♋
1972		♏
1973	(22:43)	♈
1974		♌
1975	(21:46)	♑
1976		♉
1977		♍
1978	(08:42)	♒
1979		♊
1980	(11:33)	♏
1981		♓
1982	(23:35)	♌
1983		♐
1984		♈
1985	(14:29)	♍
1986		♑
1987	(16:33)	♊
1988		♎
1989		♒
1990	(03:44)	♋
1991		♏
1992	(12:07)	♈
1993		♌
1994	(18:30)	♑
1995		♉
1996		♍
1997	(08:29)	♒
1998		♊
1999	(15:30)	♏
2000		♓
2001	(23:43)	♌
2002		♐
2003		♈
2004	(08:44)	♍
2005		♑
2006	(09:38)	♊
2007		♎
2008		♒
2009	(04:51)	♋
2010		♏
21.07.		

Geburtsdatum/ Mondzeichen		
1920		♎
1921		♒
1922		♊
1923	(07:08)	♏
1924	(07:12)	♈
1925	(03:32)	♌
1926		♐
1927	(19:24)	♉
1928		♍
1929	(23:20)	♒
1930	(15:39)	♊
1931		♎
1932		♓
1933		♋
1934		♏
1935		♈
1936	(07:54)	♍
1937	(02:50)	♑
1938		♉
1939	(09:10)	♎
1940		♒
1941	(22:15)	♋
1942	(10:02)	♏
1943		♓
1944		♌
1945		♐
1946	(23:35)	♉
1947		♍
1948	(07:02)	♒
1949	(03:57)	♊
1950		♎
1951	(04:29)	♓
1952		♋
1953	(22:59)	♐
1954		♈
1955	(21:06)	♍
1956		♑
1957		♉
1958	(12:11)	♎
1959		♒
1960	(05:09)	♋
1961	(04:05)	♏
1962		♓
1963	(02:15)	♌
1964		♐
1965	(21:14)	♉
1966		♍
1967	(18:59)	♒
1968		♊
1969		♎
1970	(03:36)	♓
1971		♋
1972	(05:46)	♐
1973		♈
1974	(18:10)	♍
1975		♑
1976		♉

Geburtsdatum/ Mondzeichen		
1977	(14:09)	♎
1978		♒
1979	(14:40)	♋
1980		♏
1981		♓
1982		♌
1983		♐
1984	(07:52)	♉
1985		♍
1986	(14:17)	♒
1987		♊
1988		♎
1989	(05:07)	♓
1990		♋
1991	(11:16)	♐
1992		♈
1993	(19:24)	♍
1994		♑
1995		♉
1996	(07:14)	♎
1997		♒
1998	(08:43)	♋
1999		♏
2000		♓
2001		♌
2002		♐
2003	(11:48)	♉
2004		♍
2005	(13:55)	♒
2006		♊
2007		♎
2008	(02:08)	♓
2009		♋
2010	(00:48)	♐
22.07.		
1920	(21:03)	♏
1921	(20:23)	♓
1922	(09:56)	♋
1923		♏
1924		♈
1925		♌
1926		♐
1927		♉
1928	(02:02)	♎
1929		♒
1930		♊
1931	(08:56)	♏
1932	(21:52)	♈
1933	(18:19)	♌
1934	(07:28)	♐
1935	(22:21)	♉
1936		♍
1937		♑
1938	(22:43)	♊
1939		♎
1940	(02:58)	♓
1941		♋

Geburtsdatum/ Mondzeichen		
1942		♏
1943	(00:08)	♈
1944	(23:24)	♍
1945	(17:29)	♑
1946		♉
1947	(15:33)	♎
1948		♒
1949		♊
1950	(13:27)	♏
1951		♓
1952	(02:20)	♌
1953		♐
1954		♈
1955		♍
1956	(22:28)	♒
1957	(17:34)	♊
1958		♎
1959	(13:41)	♓
1960		♋
1961		♏
1962	(01:34)	♈
1963		♌
1964	(01:27)	♑
1965		♉
1966	(14:38)	♎
1967		♒
1968	(21:31)	♋
1969	(14:04)	♏
1970		♓
1971	(12:16)	♌
1972		♐
1973		♈
1974		♍
1975		♑
1976	(02:40)	♊
1977		♎
1978	(08:26)	♓
1979		♋
1980	(22:42)	♐
1981	(04:43)	♈
1982		♌
1983	(09:11)	♑
1984		♉
1985	(18:10)	♎
1986		♒
1987		♊
1988	(04:13)	♏
1989		♓
1990	(05:29)	♌
1991		♐
1992	(22:36)	♉
1993		♍
1994	(21:38)	♒
1995	(07:23)	♊
1996		♎
1997	(09:00)	♓
1998		♋

Geburtsdatum/ Mondzeichen		
1999		♏
2000	(01:09)	♈
2001	(23:29)	♍
2002	(00:26)	♑
2003		♉
2004	(17:39)	♎
2005		♒
2006	(16:28)	♋
2007	(09:18)	♏
2008		♓
2009	(04:27)	♌
2010		♐
23.07.		
1920		♏
1921		♓
1922		♋
1923	(09:43)	♐
1924	(16:36)	♉
1925	(16:17)	♍
1926	(02:28)	♑
1927	(22:46)	♊
1928		♎
1929		♒
1930	(18:22)	♋
1931		♏
1932		♈
1933		♌
1934		♐
1935		♉
1936	(18:30)	♎
1937	(13:20)	♒
1938		♊
1939	(13:04)	♏
1940		♓
1941		♋
1942	(12:58)	♐
1943		♈
1944		♍
1945		♑
1946		♉
1947		♎
1948	(19:13)	♓
1949	(11:52)	♋
1950		♏
1951	(08:21)	♈
1953		♐
1954	(01:52)	♉
1955		♍
1957		♊
1958	(14:57)	♏
1959		♓
1961	(10:42)	♐
1962		♈
1963	(08:06)	♍
1965		♉
1966		♎
1967		♒

Geburtsdatum/ Mondzeichen			*Geburtsdatum/ Mondzeichen*			*Geburtsdatum/ Mondzeichen*			*Geburtsdatum/ Mondzeichen*		
1969		♏	1977	(19:13)	♏	1987	(04:13)	♋	1999	(03:48)	♐
1970	(04:42)	♈	1978		♓	1990		♌	2002		♑
1971		♌	1979		♋	1991	(23:55)	♑	2003		♉
1973	(04:41)	♉	1982	(00:20)	♍	1994		♒	2006		♋
1974	(19:19)	♎	1983		♑	1995		♊	2007		♏
1975	(06:56)	♒	1986	(15:59)	♓	1998	(13:48)	♌			

Der Mond regiert das Zeichen Krebs

Wie Sie mehr über Ihr Horoskop erfahren können

Der Unterschied zwischen dem, was ein Buch über Tierkreiszeichen an individueller Deutung leisten kann, und der Interpretation Ihres persönlichen Horoskops ist wesentlich größer als der zwischen einem Anzug von der Stange und einem maßgefertigten Kleidungsstück.

Wenn Sie mehr darüber erfahren wollen, was die Gestirne über Ihr individuelles Schicksal aussagen, benötigen Sie zunächst einmal ein genau berechnetes Horoskop. Wer einen Computer hat oder jemanden kennt, der einen besitzt, hat es leicht: Es gibt eine Vielzahl von Astrologieprogrammen, die für jeden Geschmack und jeden Geldbeutel etwas bieten. Wenn Sie bereits einen Horoskopausdruck haben, können Sie sich mit Hilfe astrologischer Lehrbücher an eine genauere Interpretation herantasten. Es existieren außerdem Astrologieschulen, die Sie in der Horoskopdeutung unterrichten können. Schließlich gibt es Firmen, die Horoskopberechnungen und Computerdeutungen anbieten.

Astrologie-programme

Leider ist auch in der Astrologie nicht alles Gold, was glänzt. Neben seriösen Astrologen, die Ihnen eine echte Lebenshilfe geben können, tummeln sich auf dem Gebiet auch viele Scharlatane. Das gleiche gilt sinngemäß natürlich für Bücher, Computerprogramme und Deutungen.

Vorsicht vor Scharlatanen

Wenn Sie in dieser Hinsicht Hilfestellung und unverbindliche Informationen wünschen, können Sie sich gern direkt an den Autor wenden. Die Adresse finden Sie auf Seite 8.

Bitte legen Sie einen adressierten DIN-A4-Umschlag und DM 5,– in Briefmarken bei, und verwenden Sie das *Stichwort »Astro-Info«*. Sie erhalten dann eine umfangreiche Liste mit unseren persönlichen Empfehlungen zu allen Bereichen der Astrologie. Ihre Adresse wird von uns nicht gespeichert und auch nicht an andere weitergegeben.

Wenn Sie eine schriftliche Horoskopdeutung nach der Methode des Autors möchten, ohne daß Sie sich selbst mit Computerberechnungen auseinandersetzen müssen, können Sie hierzu kostenlos und unverbindlich Informationsmaterial unter der Adresse des Autors anfordern *(Stichwort »Querverbindungen«)*.

Die Deutung und Bedeutung des Aszendenten

Wie bereits im Einleitungskapitel dargestellt, besteht ein Horoskop aus vielen verschiedenen Deutungselementen, von denen das Tierkreiszeichen zwar das bekannteste, aber eben nur eines von vielen ist. Das Tierkreiszeichen eines Menschen ist wie gesagt nichts anderes als die Position der Sonne im Tierkreis (= Zodiakus) zum Zeitpunkt der Geburt. Da unser Kalender ebenfalls mit dem Sonnenlauf – von der Erde aus gesehen – korrespondiert, läßt sich anhand des Geburtsdatums recht genau bestimmen, welches Tierkreiszeichen zu einem gehört. Dies ist sicherlich der Hauptgrund, warum die Sonnenzeichen so populär wurden.

Sonnenzeichen

Der wohl wichtigste Einzelfaktor für ein wirklich persönliches Horoskop ist aber der Aszendent. Der Begriff kommt von dem lateinischen Wort *ascendere,* was soviel wie »aufsteigen« bedeutet. Mit dem Aszendenten ist der Abschnitt des Zodiakus gemeint, der im Augenblick der Geburt in östlicher Richtung am Horizont aufgeht. Der Aszendent ist außerdem identisch mit der Spitze – also dem Anfang – des ersten Hauses. Da der Aszendent etwa alle vier Minuten seine Position ändert, müssen Geburtsort und die genaue Geburtszeit bekannt sein, um ihn bestimmen zu können. Wenn Sie Ihre Geburtszeit kennen, steht der Berechnung des Aszendenten nichts im Wege. Falls sie Ihnen unbekannt ist, können Sie sie wie gesagt beim Standesamt Ihres Geburtsortes erfahren. Bei den meisten Standesämtern wird eine schriftliche Anfrage mit frankiertem Rückumschlag umge-

Geburtsort

hend bearbeitet, manche verlangen allerdings eine Gebühr. Telefonisch erhalten Sie wegen des Datenschutzes nur selten Auskunft.

Im folgenden Abschnitt wird beschrieben, wie Sie den Aszendenten einfach feststellen können. Dank eines völlig neuen Verfahrens ist dies erstmals ohne komplizierte Berechnungen und absolut zuverlässig möglich.

Wie ist der Aszendent zu deuten? Vereinfacht gesagt, gibt der Aszendent Auskunft darüber, wer wir sind, während das Sonnenzeichen beschreibt, wie wir uns verhalten. Wenn wir den Menschen mit einem Auto vergleichen, dann würde der Aszendent uns verraten, um was für ein Gefährt es sich handelt, während das Tierkreiszeichen – also die Position der Sonne – uns Aufschluß darüber gibt, wie es behandelt und gefahren wird. Dies zeigt auch schon, daß die oft gestellte Frage, was denn nun wichtiger sei, der Aszendent oder das Tierkreiszeichen, im Grunde unsinnig ist. Handeln (Sonne) setzt Körperlichkeit (Aszendent) voraus. Eine Veranlagung (Aszendent), die nicht gelebt wird (Sonne), ist bedeutungslos.

Körperlichkeit

Wie können Sie nun Näheres zur Interpretation Ihres Aszendenten erfahren? Hier gibt es mehrere Wege. Der einfachste ist natürlich, sich ein spezielles Buch zu diesem Thema zu besorgen und unter dem entsprechenden Kapitel nachzuschlagen. Vielleicht kennen Sie auch jemanden, der sich intensiver mit Astrologie beschäftigt und Ihnen persönlich Auskünfte über die Bedeutung Ihres Aszendenten und Ihres Sonnenzeichens geben kann. Falls Sie ein Tierkreiszeichen-Buch (zum Beispiel aus dieser Reihe) Ihres Aszendenten-Zeichens besitzen, können Sie auch das lesen und dabei im Hinterkopf behalten, daß es sich hier weniger um Ihr tatsächliches Verhalten, sondern um Ihre Charakteranlagen handelt. Da sich allerdings unsere Anlagen und unser Verhalten ständig wechselseitig beeinflussen, erzielen Sie schon gute Ergebnisse, wenn Sie sich selbst einfach als eine »Mischung« beider Zeichen betrachten.

Charakteranlagen

Falls Sie feststellen sollten, daß bei Ihnen Sonne und Aszendent im gleichen Tierkreiszeichen stehen, müssen Sie natürlich kein weiteres Buch zu Rate ziehen. Für Sie sollten dann die in diesem Band gemachten Aussagen in besonderem Maße zutreffen.

Die Bestimmung des Aszendenten

Die Verwendung der nachfolgenden Aszendentengrafik ist denkbar einfach: Die Skala am linken Rand (C) gibt das Datum an, die Skala am rechten Rand (A) die Uhrzeit. Markieren Sie Ihr Geburtsdatum und Ihre Geburtszeit, nehmen Sie ein Lineal, und verbinden Sie beides mit einem Strich – fertig! Das Tierkreiszeichen (B) in der Mitte der Grafik, das von Ihrer Linie gekreuzt wird, ist Ihr Aszendent.
Wichtige Hinweise: Die Grafik bezieht sich auf mitteleuropäische Zeit. Falls bei Ihrer Geburt die Sommerzeit galt, müssen Sie eine Stunde abziehen. Eine Sommerzeitentabelle finden Sie im Anhang dieses Buches. Die Aszendentengrafik funktioniert nur, wenn Sie in Deutschland geboren sind. Ohne eine wirklich genaue Geburtszeitangabe ist kein zuverlässiges Ergebnis zu erzielen.

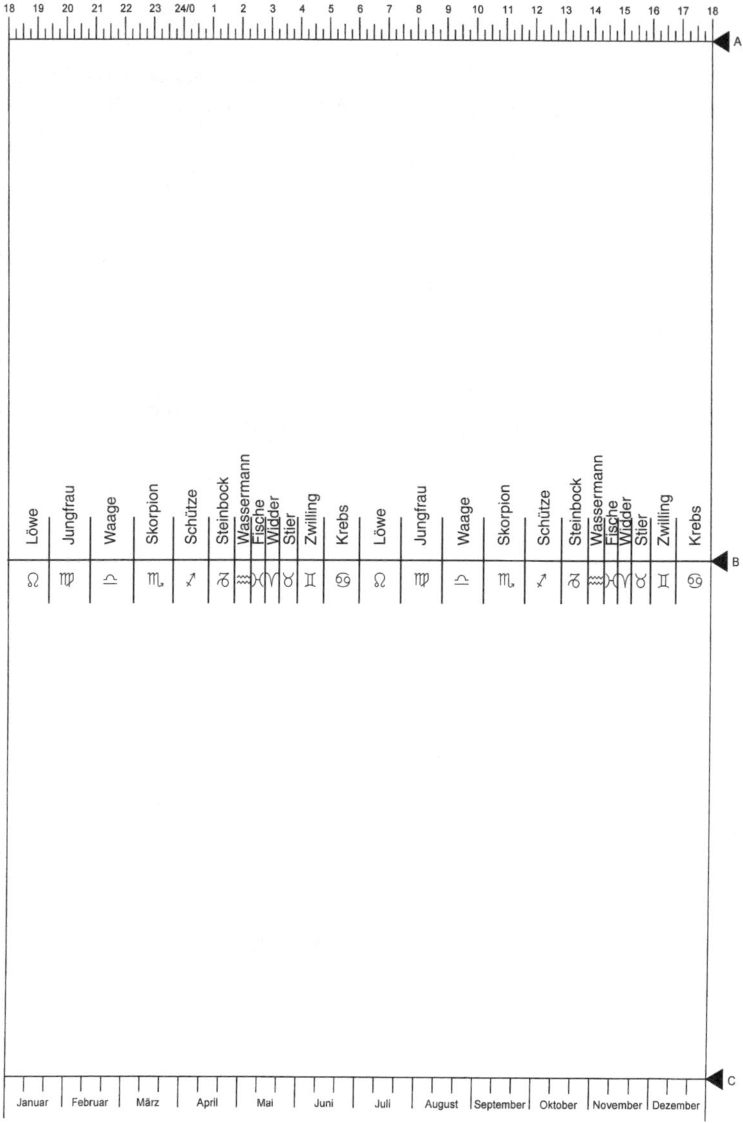
18 19 20 21 22 23 24/0 1 2 3 4 5 6 7 8 9 10 11 12 13 14 15 16 17 18
A
Löwe ♌ Jungfrau ♍ Waage ♎ Skorpion ♏ Schütze ♐ Steinbock ♑ Wassermann ♒ Fische ♓ Widder ♈ Stier ♉ Zwilling ♊ Krebs ♋
Löwe ♌ Jungfrau ♍ Waage ♎ Skorpion ♏ Schütze ♐ Steinbock ♑ Wassermann ♒ Fische ♓ Widder ♈ Stier ♉ Zwilling ♊ Krebs ♋
B
Januar Februar März April Mai Juni Juli August September Oktober November Dezember
C

Literatur

Brigitte Hamann: Die zwölf Archetyen. München 1991.

Michael Roscher: Astrologische Aspektlehre. München 1997.

Michael Roscher: Das Astrologiebuch. München 1989.

Michael Roscher: Der Mond. München 1997.

Michael Roscher: Kritische Grade im Radix. Selbstverlag 1995.*

Michael Roscher: Kritische Grade in der Prognose. Selbstverlag 1995.*

* zu beziehen bei:
Buchhandlung Licht und Schatten
Ehrenstraße 18–26
D–50672 Köln
Tel. 02 21/25 43 40, Fax 02 21/25 42 02

Bildnachweis

Seite 23: Johfra: Astrologie. Tierkreiszeichen. © 1998 Johfra/Verkerke Reprodukties NV – all rights reserved –. Mit freundlicher Genehmigung.
Seite 27: Udo Becker (Hrsg.): Lexikon der Astrologie. Herder/Spektrum Bd. 4596. Freiburg 2. Auflage 1997. Mit freundlicher Genehmigung des Verlags Herder.
Seite 32: Angela Sommer-Bodenburg: Ich lieb dich trotzdem. Köln 1982.
Seite 44: Wolfgang Bauer/Irmtraud Dümotz/Sergius Golowin: Lexikon der Symbole. München 1987.
Seite 51: Mit freundlicher Genehmigung von Horst Wolniak.
Seite 73: Giuseppe Maria Sesti: Die Geheimnisse des Himmels. Geschichte und Mythos der Sternbilder. Köln 1991. Mit freundlicher Genehmigung der Editrice Novecento.
Seite 74: Brigitte Hamann: Die zwölf Archetypen. © 1991 Droemer Knaur Verlag München. Mit freundlicher Genehmigung.
Seite 115: Pierrot und der Mond. Sammlung Robert Walker.
Seite 116: Darstellung des Krebs im »Tractatus sphaera«.
Seite 123: Hans Biedermann: Handlexikon der magischen Künste. Graz 1976. Mit freundlicher Genehmigung der Akademischen Druck- und Verlagsanstalt.
Seite 128: Darstellung des Mondes aus »De Sphaera« aus dem 15. Jahrhundert.
Seite 147: Abbildung aus dem Tarot Arcus Arcanum mit Erlaubnis der Firma AGM AGMüller, Neuhausen/Schweiz. © 1987 AGM. Weitere Reproduktion nicht gestattet.
Seite 151: Sachs/Badstübner/Neumann: Christliche Ikonographie in Stichworten. München 1975. Mit freundlicher Genehmigung des Kösel Verlags.
Seite 160: L. Frobenius/H. Obermaier: Hadschra Maktouba. München o. J.
Seite 182: Nicholas Campion: Der praktische Astrologe. Hamburg 1988.

Das Märchen »Spindel, Weberschiffchen und Nadel« auf S. 155 ff. wurde folgendem Band entnommen: Kinder und Hausmärchen. Gesammelt durch die Brüder Grimm. Marburg 1922.

Trotz intensiver Recherche konnten nicht alle Rechteinhaber ermittelt werden. Der Verlag ist selbstverständlich bereit, berechtigte Forderungen abzugelten.